HARALD ESCHENBURG

Prinz Heinrich von Preußen

Der Großadmiral im Schatten des Kaisers

Westholsteinische Verlagsanstalt
Boyens & Co.

ISBN 3-8042-0456-2

Umschlaggestaltung: Viola Hildebrand und Günter Pump
Herstellung: Westholsteinische Verlagsdruckerei Boyens & Co., Heide
Printed in Germany

Inhalt

Vorwort

1983 erschien die erste Darstellung eines Lebensbildes des Großadmirals Prinz Heinrich v. Preußen. Gabriele v. Arnauld de la Perrière und Ilse Lensing zeichneten den Werdegang des Prinzadmirals nach; der Schwerpunkt ihrer Darstellung liegt auf dem Sportsmann Heinrich, dem Segler und Flieger, mit seinen vielseitigen technischen Interessen. Zu beleuchten blieb seine Rolle im Gefüge der Marine, das problematische Verhältnis zum kaiserlichen Bruder, zu leisten war eine kritische Würdigung der Persönlichkeit. Hierzu war das Admiralstabswerk auszuwerten, mußte aus Dutzenden von Memoiren, die den Prinzen am Rande erwähnen, ein Mosaik zusammengesetzt werden, und es waren die zahlreichen Quellen zu erschließen, die beim Bundesarchiv/Militärarchiv, Freiburg i. Br. (im Text kurz als B/M zitiert) aufbewahrt werden.

Der Verfasser ist den Herren Archivdirektor Dr. Granier und Oberarchivrat Dr. Fleischer für die Bereitstellung von Marineakten aus den Jahren 1877 bis 1917 sehr verpflichtet, verpflichtet auch dem Direktor des Kieler Stadtarchivs, Herrn Dr. Jürgen Jensen, für die Einsicht in das Kieler Archivgut. Ein Dank geht an die Freunde Thomas Viktor Adolph, Kiel, und Hans Hansen, Gentofte, für die Überlassung zeitgenössischer Dokumente. Der Enkelin des Prinzen Heinrich, Barbara Herzogin zu Mecklenburg und Prinzessin v. Preußen, sage ich aufrichtigen Dank für wertvolle Auskünfte bei freundlicher Aufnahme auf Gut Hemmelmark.

Aus Gründen der Lesbarkeit wurde auf Fußnoten verzichtet. Quellen werden mit den Nachnamen ihrer Verfasser in Klammern zitiert, die Titel sind im Literaturverzeichnis am Ende des Bandes aufgeschlüsselt. Das Gleiche gilt für die meisten Schiffsnamen. Die beigefügte Ziffer verweist auf den Platz in der Schiffsliste des Anhangs.

Kronshagen, im Sommer 1987 Harald Eschenburg

Herkunft

Es war keine Liebesheirat, die die väterlichen Großeltern des Prinzen zusammenführte. Acht Jahre hatte sein Großvater, der Prinz Wilhelm, vergeblich um die polnische Prinzessin Elisa Radziwill geworben, hingehalten vom zaudernden König, um am Ende den Russen zu Gefallen mit der Weimarer Prinzessin Augusta verbunden zu werden. Auch als König und Kaiser hat Wilhelm I. die Trennung von Elisa nie verwunden. Den preußischen Nursoldaten hielt mit der geistig hoch über ihm stehenden Augusta nach den ersten Jahren ihrer Ehe lediglich wechselseitige Loyalität vereint.

Am 18. Oktober 1831 wurde Prinz Heinrichs Vater, der spätere Kaiser Friedrich III., im Neuen Palais in Potsdam unter unsäglichen Beschwernissen der Mutter geboren. Eine behütete Kindheit dort und auf Schloß Babelsberg beaufsichtigte Marie v. Clausewitz, die Oberhofmeisterin Augustas. Mit sieben Jahren erhielt Fritz den Obersten Karl v. Unruh zum Militärgouverneur. Die Erziehung überließ der Vater Augusta, die in Fritz etwas vom Geist Weimars einpflanzte.

Sie wählte den Lübecker Philologen Dr. Ernst Curtius zum Zivilgouverneur aus. Curtius war ein bedeutender Kenner des klassischen Altertums. So wirkte der Vater über v. Unruh, die

Mutter über Curtius auf die Heranbildung des jungen Fritz ein. Am zehnten Geburtstag wurde er nach Sitte des Hauses Hohenzollern Leutnant im Ersten Garderegiment zu Fuß. König Friedrich Wilhelm IV., eine unsoldatisch korpulente Erscheinung, führte ihn ins Offizierskorps ein: „Du bist zwar noch sehr klein, Fritz, aber lerne diese Herren nur gut kennen, damit du sie eines Tages so übersehen kannst, wie sie heute noch dich übersehen." Da der König kinderlos blieb, war Prinz Wilhelm zu dieser Zeit bereits Thronfolger, Fritz also der künftige Kronprinz.

Ein umfängliches Tagebuch schildert die Erlebnisse des Sechzehnjährigen in der 48er Revolution. Anschaulich berichtet er von den Barrikadenkämpfen, die er vom Schloß aus beobachtete, noch ganz ohne Verständnis für das Ziel des Bürgeraufstands. Er sieht nur die Rebellion der „Proleten" und des „Pöbels" gegen König und Truppe. Dem von der Pfaueninsel nach England fliehenden Vater besorgte er Verkleidung und eine Schere; der Bart sollte fallen, um den Verfolgten unkenntlich zu machen. Augusta hegte den Plan, im Falle der Abdankung des Königs die Regentschaft für den minderjährigen Fritz zu übernehmen. General v. Unruh warnte sie vor Hochverrat, solange Prinz Wilhelm nicht ausdrücklich verzichtete.

Dieser kehrte aus London mit der Versicherung zurück: „Der König hat es gewollt, des Königs Wille ist mir heilig, ich bin sein erster Untertan und schließe mich mit vollem Herzen den neuen Verhältnissen an." Das war gegen die innere Überzeugung dahergesagt, um das Terrain für sich zu ebnen. Anders der Sohn. Er hatte über die Ursachen der Revolution nachgedacht. Am gleichen Tage, an dem Prinz Wilhelm vor dem Offizierkorps die innenpolitischen Gegner heruntermachte, sagte Fritz einem General, „es müsse doch eine Volksvertretung sein".

Entgegen aller preußischen Tradition bezog Friedrich Wilhelm, wie Fritz offiziell hieß, 1849 in Bonn die Universität. Augusta wollte das „Leutnantsmäßige von ihm fernhalten" (Bunsen). Er hörte bei Ernst Moritz Arndt, aber auch bei einem der „Göttinger Sieben", dem Historiker Friedrich Christoph Dahlmann. Redlich ging er dem Studium nach, soweit es Ablenkungen und Reisen zuließen. Das Rheinische lockerte den Märker auf, die Hofluft wurde vom Umgang mit Bürgern aller Kreise verdrängt. Reisen führten ihn zu russischen Manövern, die er sehr kritisch beurteilte, und nach London, wo ihm der Prince Consort Albert zum Vorbild wurde. In Rom empfing ihn Pius IX. in Audienz. Unbefangen trat er dem Papst gegenüber, gleichwohl verfehlte die katholische Hierarchie nicht ihre Wirkung auf ihn. Er gewann geistige und im anschließenden Waffendienst auch körperliche Statur. Den Fünfundzwanzigjährigen beförderte der König zum Oberst.

Es war eine Neigungsheirat, die die mütterlichen Großeltern des Prinzen Heinrich zusammenführte. Seine Großmutter, die Queen Victoria, liebte ihren Albert, den Koburger, abgöttisch und ließ ihn aus dem Hintergrund politisch wirken. Der Prinzgemahl und sein kluger Berater, der Leibarzt Christian Freiherr v. Stockmar, trachteten danach, Preußen aus der einseitigen Bindung an Rußland zu lösen und die Einheit Deutschlands zu fördern, das dann der gegebene europäische Verbündete des britischen Weltreichs wäre. Beide Männer faßten schon zu Zeiten, als die Princess Royal Victoria eben geboren war, das Projekt einer dynastischen Verbindung mit Preußen ins Auge. Der vorgesehene Kontrahent spielte in Potsdam noch mit Bleisoldaten.

1854 trat Friedrich Wilhelm seine zweite Englandreise an. Diesmal ging es nach Balmoral ins schottische Hochland. Victoria war jetzt fünfzehn Jahre alt. Im Tagebuch heißt es: „Ich war ganz entzückt von der Unterhaltung, die so unbefangen und natürlich ging, bei ihrem allerliebsten Ausdruck." Den Eltern schrieb er: „Besonders viel sagen die Augen. Haltung und Gang sind sehr graziös, ohne gemacht zu sein ... Sie spricht geläufig Deutsch mit einem etwas fremden Akzent und scheint heitere Laune zu besitzen."

Friedrich Wilhelm umschrieb seine Werbung bei der Queen mit den Worten, „ob er zur englischen Familie in ein näheres Verhältnis treten dürfe?" Victoria und besonders Albert, dem die Princess Royal im Wesen so ungemein glich, sahen einer künftigen Trennung von ihrem Kind nur schweren Herzens entgegen. Es gab viel Tränen. Aber Albert befand, der Prinz „erscheint vorurteilsfrei und in hohem Grade wohlmeinend". Das, über einen Preußen geäußert, galt in England als auszeichnendes Lob.

Die Hochzeit wurde auf zwei Jahre später festgesetzt, sobald Victoria das siebzehnte Lebensjahr vollenden würde. Begleitet wurde Friedrich Wilhelm bei dieser und den folgenden Reisen nach England, zur Krönung Alexanders II. nach Rußland und zum Kaiserhof Napoleons III. von seinem persönlichen Adjutanten, dem Obersten Hellmuth v. Moltke. Die Kaiserin Eugenie merkte an: „Der Prinz ist ein großer, schöner Mann, schlank, blond, strohfarbener Schnurrbart, ein Germane, wie sie Tacitus beschreibt." An Moltke bemerkte sie die Wortkargheit, nannte ihn aber „immer gespannt und spannend".

Der obligate Fackeltanz der preußischen Minister bei der Hochzeit fiel aus. Die Queen setzte durch, daß die Trauung in London stattfand. Friedrich Wilhelm war am Morgen zum Generalmajor befördert worden. Moltke notierte: „Wer ihn so sehen konnte wie ich, mußte ihn liebgewinnen."

An Berlin fand Victoria vieles zu bemängeln, in Babelsberg, einer Kopie Windsors, mochte es angehen. Zum Winter zog das Paar ins Kronprinzenpalais. Bismarck hielt diese Ehe für „eine der schlechtesten Partien Europas". Mit der Geburt des ersten Sohnes, des letzten deutschen Kaisers, fiel vorübergehend ein Schatten auf das Glück, denn der linke Arm des Kindes war verkürzt und blieb es. Im übrigen ist diese Ehe überaus innig zu nennen. Fritz gelang es zunehmend, die angeeignete englische Liberalität mit dem angeborenen preußischen Element seiner Natur zu verbinden. Victoria vertrat zwar in ihrer neuen Umgebung englische Grundsätze, verteidigte aber das Preußentum, sobald es von jenseits des Kanals angefochten wurde. 1860 schickte sie ihrem Vater eine selbst verfaßte Denkschrift über Ministerverantwortlichkeit. Albert fand die Ausarbeitung „auffallend klar und vollendet". Wäre Victorias Entwurf an die Öffentlichkeit gelangt, hätte er in Preußen einen Sturm der Entrüstung hervorgerufen. Dennoch schienen die Jahre abzusehen zu sein, bis das Paar seine konstitutionellen Vorstellungen verwirklichen könnte.

Die Heeresvermehrung des Kriegsministers Albrecht v. Roon stieß 1861 auf den Widerstand des Landtages. Nach Neuwahlen hoffte Roon auf Zustimmung des Parlaments, wenn die Dienstzeit von drei auf zwei Jahre herabgesetzt würde. König Wilhelm I. fühlte sich durch solche Vorschläge im Kronrat verlassen, setzte seine Abdankungsurkunde auf und ließ den Kronprinz rufen. In dieser Sternstunde seines Lebens hat der Thronfolger, der noch ein Vierteljahrhundert warten mußte, bis ihm 99 Tage eines kaiserlichen Siechtums beschieden waren, politisch versagt. Es hätte bei allem gebotenen Respekt vor dem Vater nur eines Eingehens auf die Abdankung bedurft, um aus Preußen einen konstitutionellen Staat zu machen. Statt dessen ließ er, beruhigt durch die väterliche Zusage, der dem König widerwärtige Bismarck werde nicht zum Ministerpräsidenten berufen, das Mitleid in sich die Oberhand gewinnen und riet zum Nachgeben. Er wollte zu günstigerer Zeit die dreijährige Dienstzeit, von deren Notwendigkeit er überzeugt war, zurückerlangen.

Am Tage darauf ernannte der König gegen schwere eigene Bedenken Bismarck dennoch. Eine offene Feindschaft zwischen dem Kronprinzenpaar und dem Ministerpräsidenten brach aus. Bismarck regierte gegen die Verfassung von 1850 und erwehrte sich der Kritik durch die Presseordonnanz, eine Art Notverordnung, die die Pressefreiheit aufhob. Im Rathaus von Danzig distanzierte sich Friedrich Wilhelm, nachdem seine Warnungen an den König und an Bismarck unbeachtet geblieben waren, öffentlich von dieser Presseknebelung. Victoria schrieb an die Queen: „Ich tat, was ich konnte, um Fritz zu bewegen, dies zu tun, da ich wußte, wie notwendig es war, daß er seinen Empfindungen öffentlich Ausdruck verleihen und erklären solle, daß er keinen Anteil an den letzten Regierungsverfügungen habe (Ponsonby). Feldmarschall v. Wrangel wollte den Thronfolger vor ein Kriegsgericht gestellt wissen, Bismarck riet dem König: „Verfahren Sie säuberlich mit dem Knaben Absalom." Der Vater beschränkte sich auf einen Verweis: „Ich verpflichte dich, keine einzige derartige Äußerung mehr zu tun."

Die Erbfolge in Schleswig lieferte den nächsten Zündstoff. Das Kronprinzenpaar begünstigte den Herzog Friedrich von Schleswig-Holstein-Sonderburg-Augustenburg. Bismarck hatte von vornherein die Annektion Schleswig-Holsteins im Sinn. Nach dem Krieg gegen Dänemark, in dem der Kronprinz dem senilen Wrangel die Hand führte, wurde 1865 die preußische Marinestation von Danzig nach Kiel in österreichisches Okkupationsgebiet verlegt. „Wenn Österreich unser Bundesgenosse bleiben will, muß es uns Platz machen", so leitete Bismarck seine Herausforderung des Habsburger Reiches ein. Der Kronprinz stimmte im Kronrat gegen ihn. Friedrich Wilhelm verurteilte ein Blutvergießen im Kampf zwischen Preußen und Österreich, aber er führte die II. Armee siegreich nach Königgrätz. Ein Adjutant des Königs bemerkte zu Bismarck: „Jetzt sind Sie ein großer Mann. Aber Sie wären der größte Bösewicht, wenn der Kronprinz zu spät gekommen wäre."

Wilhelm I. hatte sich von Bismarck förmlich in den Krieg tragen lassen müssen. Als sich jedoch das Kriegsglück auf die Seite Preußens neigte, wollte er in Wien einziehen und bedeutende Gebietsabtretungen von Sachsen und Österreich fordern. Es bedurfte des Einvernehmens Bismarcks mit dem Kronprinzen gegen König und Generalität, um Wilhelm I. zum maßvollen Vorfrieden von Nikolsburg zu bewegen. „Nachdem mein Ministerpräsident mich vor dem Feinde im Stich läßt, und ich hier außerstande bin ihn zu ersetzen, habe ich die Frage mit meinem Sohn erörtert, und da sich derselbe der Auffassung des Ministerpräsidenten angeschlossen hat, sehe ich mich zu meinem Schmerz gezwungen, nach so glänzenden Siegen der Armee in diesen sauren Apfel zu beißen und einen so schmachvollen Frieden anzunehmen", lautete die Randbemerkung Wilhelms I. zu Bismarcks Denkschrift über den Entwurf des Vorfriedens.

Die angebliche Schmach brachte im Frieden von Prag für Preußen Hannover, Kurhessen, Nassau und Frankfurt am Main ein. Ferner Österreichs Verzicht auf ein Mitspracherecht in der deutschen Frage sowie in der Folge die Begründung des Norddeutschen Bundes und die Bündnisse mit den süddeutschen Staaten.

Im Krieg gegen Frankreich siegte Fritz, so hieß er jetzt bei den Truppen, mit seiner vorwiegend südeutschen III. Armee bei Wörth über Mac Mahon. Eine überlegene Ruhe beherrschte ihn, er war über die Maßen beliebt auch bei den bayrischen und württembergischen Soldaten, denn er ging nicht wie viele Heerführer über Leichen, sondern litt mit jedem einzelnen Verwundeten, ja seine erste Regung vor allen Feldzügen war ein Grauen angesichts der Schrecken des Krieges. In der Frage, ob man Paris bombardieren solle, zerstritt er sich erneut mit Bismarck, dem die Beschießung nicht schnell genug begann.

Beide fanden wieder zueinander, als die Kaiserproklamation bevorstand. Den Hauptantrieb zur Kaiseridee gab der Kronprinz. Er wollte notfalls das Widerstreben einzelner Fürstenhäuser durch Reichsgewalt niederringen. Friedrich Wilhelm knüpfte bewußt, darin von Victoria nicht gestützt, eher gehemmt, an das mittelalterliche Kaisertum an, das dem König und dem Ministerpräsidenten weltenfern lag. Als Bismarcks Diplomatie Ludwig II. von Bayern zum Nachgeben gewonnen hatte, bedurfte es der gemeinsamen Anstrengungen von Bismarck und Friedrich Wilhelm, den Hauptgegner eines deutschen Kaisertums, den König von Preußen, in das neue Amt zu zwingen. Bis zum äußersten sträubte sich Wilhelm I., „der letzte Preuße“ (Herre), gegen die Kaiserwürde, während der Kronprinz in ihr das höchste Ziel erblickte. Schließlich willigte Wilhelm ein, den Titel „Deutscher Kaiser“, nicht aber den eines „Kaisers von Deutschland“ anzunehmen.

Der Rahmen, das Dekor hat im Leben Friedrich Wilhelms stets eine große Rolle gespielt. Seine Aufzeichnungen sind angefüllt mit Details über Uniformen, Garderoben und Ausschmückungen, auch mit Reflexionen über den Grad seiner Beliebtheit. Das wird hier erwähnt, weil Prinz Heinrich unter diesen Anschauungen aufwuchs. Zur gänzlich unfeierlichen Entschließung des Norddeutschen Bundes für ein Kaiserreich schrieb der Kronprinz, es sei gewesen, als ob der Minister Delbrück „die arme Kaiserkrone, in altes Zeitungspapier gewickelt, aus der Hosentasche geholt hätte“ (Richter).

Es kennzeichnet Friedrich Wilhelm, daß er sich vor dem Reichstag des Norddeutschen Bundes für die Abschaffung der Todesstrafe ausgesprochen hat. Er vertrat ein liberales Christentum, vermied es, sich auf das Gottesgnadentum der Krone zu berufen, das seinem Vater und später seinem Sohn Wilhelm so viel bedeutete. Er verabscheute mit Victoria den Hofprediger Stoecker und dessen Antisemitismus. Er hielt die päpstliche Unfehlbarkeit, wie sie das erste Vatikanische Konzil definiert hatte, für verwerflich. Deshalb sah der Kulturkampf den Protestanten an der Seite Bismarcks. Dennoch drängte ihn der Reichskanzler von allen Staatsgeschäften ab und schob den Thronfolger auf das Feld der Repräsentation, angeblich damit er den alten Kaiser entlaste.

So hat der Kronprinz die Ausgrabungen von Olympia durch seinen ehemaligen Erzieher, Professor Ernst Curtius, angeregt und die bisher dürftigen preußischen Gemäldesammlungen zum späteren Kaiser-Friedrich-Museum bedeutend vermehrt. Den schärfsten Zwist mit Bismarck gab es, als Friedrich Wilheln den vom Attentat Dr. Nobilings verwundeten Vater zu vertreten hatte. Statt die Form der Vertretung mit dem Kronprinzen, der eine Regentschaft wünschte, zu erörtern, legte Bismarck die unterschriftsreife Urkunde über eine bloße Stellvertretung vor und wollte den Raum verlassen. Friedrich Wilhelm rief ihn zurück: „Ich verlange, daß Sie hier bleiben. Wenn nicht mehr, bin ich jetzt der Stellvertreter meines Vaters und verlange von Ihnen als dem Ministerpräsidenten Rechenschaft über die Dinge im Staatsleben."

Friedrich Wilhelm, der zusammen mit Victoria auf sozialem Gebiet viel bewirkt hatte, mußte also als Nichtregent zähneknirschend Bismarcks Sozialistengesetz unterschreiben. In den Augen des Kanzlers hätte seine Regierungsübernahme den Niedergang des Reiches eingeleitet. Der Stern des Kronprinzen begann zu sinken, man isolierte ihn politisch, eine an ihm unbekannte Gereiztheit trat hervor. Zu General v. Schweinitz äußerte er: „Die Zukunft gehört meinem Sohn, über mich ist das Zeitalter hinweggegangen."

Jugend

Auf der Höhe blieb das Familienleben. An einem Sonntag, dem 14. August 1862, hatte Victoria ihren zweiten Sohn geboren. Der König genehmigte die Vornamen Albert Wilhelm Heinrich; Albert und Wilhelm nach den beiden Großvätern. Der Rufname Heinrich sollte an den Bruder Friedrichs des Großen erinnern. Dieser Prinz Heinrich blieb im Gegensatz zu seinem königlichen Bruder im Felde unbesiegt und erfreute sich seiner Umsicht und Klugheit wegen hohen Ansehens in Europa und auch in Nordamerika. Aber nie ist er aus dem Schatten des Bruders herausgetreten, was auch für den Seeoffizier Prinz Heinrich gelten wird. Nomen est omen. Trotzdem gilt die Parallelität nur eingeschränkt. Der ältere Prinz Heinrich war Antipode, war ein Widersacher des Königs; der Prinzadmiral hingegen wird dem Kreuzkurs seines Bruders in Kiellinie hinterhersegeln.

Die Geburt eines zweiten Sohnes stärkte vorübergehend das Prestige Victorias, aber der Hof war entsetzt, daß sie, die Meierin von Bornstedt genannt, das Kind selbst stillte. Im Tagebuch des Kronprinzen aus diesen Tagen heißt es: „Zwei Söhne, ist das denkbar! . . . Nachmittags alles, was zum Hausstand gehört, herbestellt, um den lieben Kleinen zu sehen, der seines starken Baues wegen sehr bewundert wird." Und 1864: „Heinrich schon zwei Jahre, Gott segne ihn, er entwickelt sich vielversprechend, faßt leicht auf und ist pfiffig." 1865: „Charakterfestigkeit scheint sich in ihm zu entfalten; er hat seine Gedanken für sich und zeigt schon Lust zu lernen und unterhalten zu werden." Victoria schrieb der Queen: „Heinrich und Willy sind sehr gute Jungen und machen mir nicht viel zu schaffen."

Tatsächlich war Heinrich, auch Harry genannt, als Kind kränklich und schwebte 1866 mit einer Lungenentzündung in Lebensgefahr. Über Aufenthalt und Reisen aller Prinzen bestimmte allein der König. In manche Ferien durften Fritz und Vicky die Kinder aus Sparsamkeit nicht mitnehmen. Die Söhne wuchsen zweisprachig heran. Auch wenn der Kronprinz allein mit ihnen war, herrschte das Englische vor. Sprach die Kronprinzessin von „unserer Flotte", war die britische gemeint. Trotzdem verehrte Victoria den Prinzen Adalbert, den Gründer der preußischen Marine, und erzählte gern von ihm.

Die Queen schickte dem Enkel Heinrich, der schon als Kind Matrosenprinz genannt wurde, Bücher mit Schiffsabbildungen. Bruder Wilhelm war meist der erste, der sie sehen wollte, und Heinrich verwehrte seinem Bruder keinen Wunsch. Das Interesse der Kronprinzessin an den beiden Jungen ließ bald nach, sie lebte für ihr jeweils jüngstes Baby. Heinrich nannte sie einen „sanftmütigen kleinen Faulpelz". Mehr als sie war der Kronprinz um die Erziehung der Söhne bemüht, wobei Prinz Albert eher als Wilhelm I. das Vorbild abgab. Der Einfluß des Militärgouverneurs blieb knapp bemessen, das Zivile sollte das Übergewicht erhalten.

1866 bestimmte der Vater den calvinischen Westfalen Georg Hinzpeter, einen Philologen aus Bielefeld, zum Prinzenerzieher für dreizehn lange Jahre. Die Wahl verwundert, denn der junge ehrgeizige Fanatiker Hinzpeter, fachlich zwar hervorragend begabt, war nach Gesinnung und Charakter alles andere als liberal. Das asketisch Spartanische seiner Natur forderte von den Knaben stets mehr, als sie zu leisten vermochten; folglich fiel aus seinem Munde nie ein Wort des Lobes. Wanderte er mit ihnen, gab es unterwegs keinen Schluck Wasser zu trinken, kamen Freunde zu Besuch, hatten die jungen Prinzen den Gästen Obst und Gebäck anzubieten, ihnen selbst wurde von Hinzpeter das Mithalten verwehrt. Heinrich hat aus Mitleid in ohnmächtiger Wut geweint, als der unerbittliche Hinzpeter dem achtjährigen Wilhelm das Reiten beibrachte. Mit dem verkürzten Arm war eine Störung des Gleichgewichts verbunden, dauernd fiel der Bruder vom Pferd, und der erbarmungslose Erzieher hob ihn wieder hinauf, bis der Prinz gelernt hatte, ohne Bügel die Balance zu halten.

Die Kinder nahmen das Frühstück mit den Eltern, am Mittagstisch durften sie nur teilhaben, wenn es keine Gäste gab. Der Tageslauf war anstrengend, der Unterricht dauerte von morgens sechs Uhr bis zum Abendbrot. Reiten, Fechten und Schwimmen wurden in die Mittagspause gelegt, Lektüre und Konversation in den Fremdsprachen auf den Abend. Heinrich zeigte schon früh eine Neigung zur Bastelei, die ihn sein ganzes Leben begleitet hat. Im Kronprinzenpalais lernte er beim Sohn des Hofbuchbinders Collin den Bucheinband; sein Widerwille gegen den Kleistergeruch wurde überhört.

Wir haben uns den Jugendalltag der beiden unzertrennlichen Prinzen sehr freudlos vorzustellen, bewirkt durch Hinzpeters unerträgliche Pedanterie. Freude machte das Rudern auf dem Jungfernsee bei Glienicke und das Segeln auf der Fregatte „Royal Luise“, einem Geschenk des englischen Königs Wilhelm IV. an Friedrich Wilhelm III., den Urgroßvater der Prinzen. Mit der Modellkanone an Bord übten sie sich im Salutschießen. Auf diesem Schiff hat Wilhelm als Kaiser später mit seinen Admiralen Segelmanöver exerziert, zum Vergnügen der Stammbesatzung.

1869 ging es aus den Ferien auf Norderney, die auch zur britischen Insel Helgoland führten, nach Wilhelmshaven, soeben als Reichskriegshafen eingeweiht. Auf der „König Wilhelm" (20), dem größten preußischen Panzerschiff, imponierten die tausend Mann Besatzung, die Geschütze mit ihrem Kaliber von 21 cm und die ganz nach englischem Geschmack eingerichtete Kajüte des Geschwaderchefs Admiral Jachmann, der 1864 bei Jasmund die dänische Blockade Pommerns abgewehrt hatte. Kommandant eines solchen Schiffes zu werden war auf der Stelle der Taum beider Jungen; für Heinrich stand der Wunsch, zur Marine zu gehen, im Alter von sieben Jahren fest.

Die Monate vor dem deutsch-französischen Krieg waren ausgefüllt mit Reisen. Von einer Kur in Bad Oeynhausen unternahm Hinzpeter mit seinen Zöglingen Abstecher in eine Glasbläserei an der Porta Westfalica und ließ sie Flaschen blasen, in Enger bei Herford wurde das Grab des Sachsenherzoges Widukind besichtigt, bei Krupp in Essen besuchten sie auch Arbeiterwohnungen. Hier legte der Erzieher, dem die soziale Frage durchaus ernst war, den Keim für einen gelegentlichen Sozialromantizismus bei Wilhelm II. Hinzpeter hielt darauf, daß seine Schutzbefohlenen sich nach jeder Besichtigung bei den Werkmeistern mit einer Verbeugung bedankten.

Fast sechs Monate, bis zum Frühjahr 1870, verbrachten sie im damals noch unberührten Cannes. Wenn Hinzpeter einmal nicht in der Nähe war, pflückten sie sich frische Orangen. Unter seiner Anleitung sammelten sie Seetiere für das Aquarium und Schmetterlinge. Als der Vater von der Einweihung des Suezkanals zurückkehrte, fuhren sie unter der Flagge des Norddeutschen Bundes auf der „Hertha" nach Toulon. Wieder hinterließ ein Schiffsbesuch, diesmal auf dem Panzerschiff

„Provence“, starken Eindruck. Gespielen fanden sie in der englischen Kolonie, und sie nahmen sonntags am anglikanischen Gottesdienst teil.

Der Kriegsausbruch gegen Frankreich versetzte die Brüder in einen kindlichen Rausch. Hinzpeter erwartete ein diszipliniertes Aufnehmen der Siegesnachrichten, aber sobald er das Zimmer verlassen hatte, tobte sich die Begeisterung in Kissenschlachten aus. Aus Extrablättern klebten sie Schirme für Lampen, die im Schulzimmer den Vormarsch des Vaters illuminierten. In Homburg besuchten sie die Mutter. Victoria hatte ein Musterlazarett eingerichtet und pflegte Verwundete. Bei der Meldung vom Fall Sedans zog eine Kapelle der Feuerwehr vor dem Hospital auf, die Jungen standen heimlich im Nachthemd hinter der Gardine. Hinzpeters Gericht über so viel Eigenmächtigkeit fiel gnadenlos aus.

Das nächste Jahr brachte wieder eine Reise nach England. Besichtigungen in Portsmouth und Plymouth konnten den beiden Flottenliebhabern nicht lange genug dauern, besonders der Abschied von der „Victory“, Nelsons Flaggschiff bei Trafalgar, fiel schwer. Beim Übersetzen nach Cowes wurde ihnen erlaubt, den Maschinentelegraphen der Raddampferyacht „Alberta“ zu bedienen; die Queen war für sie die gütigste aller Frauen.

Der alte Kaiser ernannte den Enkel Heinrich an seinem zehnten Geburtstag zum Leutnant zur See. Die Brüder weilten in Wyk auf Föhr. Das Kanonenboot „Blitz“ schoß den Begrüßungssalut, Heinrichs Weg in der Marine war vorgezeichnet. Dieses Kanonenboot hatte ein britisches Fischereifahrzeug durch Warnschuß zum Dippen der Flagge gezwungen. Hinzpeter sagte zu den Prinzen: „Sehen Sie sich die Kanone ordentlich an! Das ist ein historisches Geschütz, das einen historischen Schuß getan hat.“ An Bord der königlichen Schraubenyacht „Grille“ wurden die Brüder im Flaggenalphabet und im Navigieren nach dem Kompaß unterwiesen. Auch die Maschine dieses ungewöhnlich schnellen Schiffes fand das Interesse der beiden Shiplovers.

Auf der Insel erhielten sie Malunterricht bei Professor Magnussen. Zu dieser Zeit nahm die Mutter, eigentlich das einzige, was sie für die Söhne noch tat, Wilhelm und Heinrich zu ihren häufigen Atelierbesuchen mit. Anton v. Werner, der Historienmaler, wurde bevorzugt. Im nächsten Jahr standen die Prinzen Adolf v. Menzel für ein Bild der Potsdamer Parade Modell. Oft nahm sie der Vater in die Oper mit und vergewisserte sich nachher, ob sie sich die Melodien recht eingeprägt hätten. War Wilhelm I. ungeistig und amusisch, hielt sich der bürgerliche Zuschnitt im Bildungshaushalt des Kronprinzen auf der Höhe der Zeit. Victoria hatte sogar „Das Kapital“ von Karl Marx durchgearbeitet.

Zu einer Kontroverse zwischen dem Kaiser und Augusta auf der einen Seite und dem Kronprinzen und Victoria auf der anderen kam es, als es um die weitere Erziehung der Kinder ging. Den Großeltern schien eine Teilnahme am öffentlichen Schulunterricht unvorstellbar zu sein, die Eltern hielten das Aufgehen in der Gemeinschaft einer Schulklasse für erzieherisch und setzten ihren Wunsch am Ende durch. Hinzpeter schlug nach einigen Recherchen für Wilhelm das Gymnasium in Kassel vor. Es war nicht leicht, einen Schuldirektor zu finden, der sich gegen Panik vor dem Thronfolger gefeit fühlte. Heinrich sollte Wilhelm begleiten und mit der Realschule vorlieb nehmen. Der unermüdliche Pädagoge bot den Eltern, besonders Victoria, die mit Wilhelms Konzentrationsschwäche unzufrieden war, die Gewähr, daß sich der Thronfolger nicht gehen ließe. Also ging Hinzpeter mit nach Kassel.

Bevor man aufbrach, hatte der Englischlehrer Thomas Dealtry an Victoria berichtet: „Prinz Heinrich ist so weit vorgeschritten, wie man es von einem Knaben seines Alters erwarten kann." Die Worte über Wilhelms Begabung fielen schmeichelhafter aus. In Münden, am Zusammenfluß von Fulda und Werra, verließen Hinzpeter und seine Schüler den Zug, der Weg nach Kassel wurde zu Fuß zurückgelegt. Verstaubt wie Wanderburschen wurden sie im „Fürstenhof" vom Portier anfangs zurückgewiesen. Wenige Stunden vorher war der Kaiser unter Jubel in die Stadt eingezogen. Der „Fürstenhof", neben dem Gymnasium gelegen, wurde zum Winterquartier. Im Sommer wohnten sie auf Schloß Wilhelmshöhe, wo Erinnerungen an den gefangenen Napoleon III. ihre Wirkung taten. Zur Schule wurde geritten.

Zwischen dem pedantisch ehrgeizigen Zivilgouverneur Hinzpeter und dem eher gutmütigen Militärgouverneur General v. Gottberg gab es allerlei Zwist. Hinzpeter gelang es, den General auf die bloße Verwaltung des Hausstandes abzudrängen. Wilhelm hat es in Kassel nicht so leicht gehabt wie Heinrich. Zwar mußten beide um fünf Uhr in der Frühe aufstehen, aber auf Wilhelm wartete, weit über die Erfordernisse der Schule hinaus, ein ausgefeiltes geistiges Pensum, während Heinrich mit den geringeren Anforderungen gut fertig wurde und viel Spaß fand an der Tischlerei, dem zweiten von ihm erlernten Handwerk. In Heinrich sollte der Sinn für das Praktische, so schätzte man die Forderungen der Marine ein, geweckt werden. Der Sport kam nicht zu kurz in Kassel. Die Brüder schwammen in der Fulda, liefen zusammen Schlittschuh und fochten. Reitunterricht erteilten Rittmeister von den 7. Dragonern und den 14. Husaren.

Während der ganzen Kasseler Zeit unternahmen die Prinzen nur eine einzige Reise, die mit den Eltern in Scheveningen zusammenführte. Fern vom Hof widmete sich der Kronprinz ganz seinen Söhnen. Auf dem Utrechter Waffelmarkt ermunterte er sie: „Futtert euch mal ordentlich voll!" Hinzpeter wandte sich griesgrämig ab. Hinter dem Rücken der Eltern weckte er in den Jungen eine tiefe Verehrung für Bismarck, die Victoria erst erkannte, als sie mit ihrem Sohn Wilhelm schon so zerstritten war, daß sie ihn nicht mehr bekehren konnte. „Für Heinrich kann ich nur von beschränktem und für Wilhelm von gar keinem Nutzen sein“, resignierte sie.

Zur Marine

Zu Anfang des Jahres 1877 bestand Wilhelm das Abiturientenexamen und bezog nach kurzer Infanterieausbildung die Bonner Universität. Zugleich wurde auch Heinrichs Realschulzeit durch das Zeugnis der mittleren Reife abgeschlossen; die Wege der Brüder trennten sich zum ersten Male. Hinzpeter, der sich für die Charakterfestigung der Prinzen aufgerieben hatte – ob immer segensreich, darüber sind die Ansichten geteilt –, wurde in den Ruhestand entlassen.

Trotz aller Begeisterung für die Seefahrt fühlte sich der fünfzehnjährige Heinrich elend verlassen, als er mit 40 Kadetten auf dem Schulschiff „Niobe“ (23) seine Marinelaufbahn begann. Kapitänleutnant Frhr. v. Seckendorff war ihm zur Begleitung kommandiert, Admiral v. Stosch und der Kronprinz hielten zu Heinrichs Dienstantritt Ansprachen vor der Besatzung. Der Vater sagte: „Ich übergebe meinen Sohn der jungen, sich noch entwickelnden Marine mit dem Vertrauen, daß er zu ihrer Förderung beitragen und den Ruhm, den die Armee stets erworben, auch auf die Marine übertragen helfen wird.“ Die Marine krankte daran, daß sie an den Siegen von 64, 66, 70/71 so gut wie keinen Anteil hatte (Salewski).

Die erste Nacht an Bord leistete Wilhelm dem Bruder

Gesellschaft. Heinrich trat dem Älteren die Koje ab und mühte sich, in der engen ungeheizten Kammer auf einer Hängematte Schlaf zu finden. Ihn fror erbärmlich, weil das Plaid, mit dem ihn Seckendorff zugedeckt hatte, über Nacht heruntergefallen war. Am nächsten Morgen trat Wilhelm auf Deck dem Läufer aus der Kajüte in den Weg: „Ist dies das Frühstück?" Antwort des verschüchterten Matrosen: „Zu Befehl, Königliche Hoheit!" Als Heinrich dann beim Kommandanten seinen Dienstantritt meldete, wurde er ungnädig empfangen, weil die Prinzen dem Kapitän die letzten Brötchen der Offiziersration weggegessen hatten (Wilhelm I).

Der Dienst auf der „Niobe" bestand im Umgang mit der Takelage. Es schloß sich ein halbes Jahr Marineschule an, das mit der Seekadettenprüfung abgeschlossen wurde. In einer fünfseitigen Weisung regelte v. Stosch, wie das Bordzeremoniell mit dem prinzlichen Seekadetten zu verfahren habe. Darin heißt es: „Die direkte Anrede ist Allgemein ‚Königliche Hoheit', jedoch sollen zunächst in Rücksicht auf die Jugend des durchlauchtigsten Prinzen die in der Rede üblichen Ehrerbietungsbezeugungen thunlichst vermieden werden, für alle, auch zukünftige Verhältnisse die strengsten dienstlichen Formen gefordert und gegeben werden. Dasjenige Schiff oder Fahrzeug Sr. Majestät, auf welchem Seine Königliche Hoheit den Dienst thut, hat grundsätzlich Höchstdemselben Ehrenbezeugungen als Prinz des Königlich Preußischen Hauses nicht zu erweisen... Sämmtliche Posten sollen jedoch vor Sr. Königlichen Hoheit präsentieren, sobald Höchstderselbe den hohen Orden vom Schwarzen Adler angelegt haben. Tritt der durchlauchtigste Prinz wie bei Beurlaubungen an Land aus den schiffsdienstlichen Verhältnissen vollkommen heraus, so sind Honneurs wie vor jedem Prinzen des Königlichen Hauses von Preußen abzustatten. Die Standarte kann dem Höchsten Wunsche gemäß auf dem eigenen Schiff gesetzt werden."

Nach kurzer Ausbildung in der Artillerie ging es im Herbst 1878 mit der gedeckten Korvette „Prinz Adalbert“ (26) auf eine fast zweijährige Weltreise. Der Kurs lief um Skagen nach Madeira. Unterwegs wurde manche Bö abgeritten. Von Madeira führte der Weg zu den Kapverdischen Inseln mit einer Landeübung vor Porto Grande, wo auch gebunkert wurde. Bei der Äquatortaufe im Dezember wurde Heinrich als erster in den Scheuerprahm geworfen, eine sehr rauhbeinige Veranstaltung.

In Montevideo gab es einen offiziellen Empfang der deutschen Kolonie für den Prinzen. Bei solchen Anlässen verwandelte sich der Seekadett in den Seeoffizier, zu dem er als Zehnjähriger ernannt worden war, und repräsentierte mit Dreimaster und Epauletten. Die weitere Reise ging durch die Magellanstraße über Valparaiso nach Lima. An einem Stierkampf teilzunehmen, der dort zu seinen Ehren veranstaltet wurde, lehnte Heinrich ab. Es war dies vielleicht seine erste selbständige Entscheidung, die Abscheu gegen Tierquälerei überwand diplomatische Bedenken.

Während einer Audienz bei König Kalakaua in Honolulu erreichte ihn die Nachricht, daß sein jüngster Bruder Waldemar gestorben sei. Victoria hing an ihrem vierten Sohn besonders innig, er hätte werden können wie sein Vater. Das sollte heißen, sie hielt ihn allein für würdig, einmal die Thronfolge anzutreten; eine pure Illusion der Mutterliebe. Ihrem Wunsch, Heinrich zurückzurufen, versagte sich der alte Kaiser, die gestellte Aufgabe mußte zu Ende geführt werden.

In Yokohama schossen zur Feier der goldenen Hochzeit Wilhelms I. und Augustas sämtliche Schiffe auf Reede den Kaisersalut, der Prinz stiftete goldene Uhren als Preise für Regatten der Kutter und Gigs. Anschließend folgte er einer Einladung des Mikado nach Tokio. Bei einem Jagdausflug ins Landesinnere wurde der Draufgänger Heinrich von feindseligen Eingeborenen überfallen; fast wäre er erschlagen worden. Als der Bericht hierüber in Berlin eintraf, erregte sich Bismarck maßlos, daß der Prinz so mangelhaft beaufsichtigt würde.

In Wladiwostok wurde Heinrich von einem russischen Bataillon in Paradeaufstellung begrüßt. Im September geriet die „Prinz Adalbert“ in einen Taifun, den sie mit knapper Not überstand. Einen Monat beanspruchten die Reparaturen der Sturmschäden. Karl Salzmann, ein Maler von Seestücken, war auf Wunsch der Kronprinzessin mit von der Partie und hat das Szenarium des Taifuns festgehalten. (Bei ihm nahm Heinrich zusammen mit Wilhelm nach seiner Rückkehr in Potsdam Malunterricht. Salzmann mußte später auf vielen Nordlandreisen Wilhelm II. begleiten.) In Woosung stieg der Prinz auf die „Cyclop“ über und fuhr nach Shanghai. Dort gab er im deutschen Generalkonsulat ein Diner für einen Mandarin, der als Abgesandter des Kaisers von China mit unerhörtem Aufwand in der Sänfte anrückte.

Im Juni 1880 wurde der lange Heimatwimpel gesetzt, der deutsche Gesangverein Hongkongs schickte von einem Begleitdampfer Abschiedslieder hinüber. In Plymouth war die letzte Kohlenübernahme. Beim Einlaufen in Kiel kam vor Bülk die „Hohenzollern“ (15) in Sicht, im Großmast die Kronprinzenstandarte. Heinrich ließ sich im Kutter hinüberrudern und wurde von den Eltern in die Arme geschlossen. Zum Unterleutnant befördert, hatte er an die 50 000 Seemeilen zurückgelegt, ihm waren Seebeine gewachsen. Niemand beneidete ihn mehr als der Bruder, der verurteilt war, in Bonn sich mit Geschichte und Staatsrecht zu plagen. Heinrich hatte die Seeoffiziersprüfung mit „gut“ bestanden. Seemannschaft 7, Artillerie 7, Schiffbau 8, Englisch 9 vorzüglich, Französisch 8, Zeichnen 8. Führung: ausgezeichnet, dienstliches Verhalten: musterhaft. (B/M)

Wieder richtete Admiral v. Stosch das Wort an Heinrich: „In allen Häfen hat man einen Festtag aus Ihrer Ankunft gemacht, man hat Ihnen gehuldigt als dem Repräsentanten des neu erstandenen Deutschen Reiches. Aber Ew. Königliche Hoheit haben auf dieser Reise nicht nur gesehen und Sich huldigen lassen, sondern, und das ist unser Stolz und das ist der Grund, weshalb auch wir Festtag gemacht haben, Sie sind Seemann geworden durch treue Arbeit und Pflichterfüllung." Der alte Kaiser habe die Marine geehrt, indem er seinen Enkel zu dem ihrigen gemacht habe.

In der Tat fühlte sich die Marine durch den Prinzen in ihren Reihen aufgewertet. Heinrich wurde auf dieser Reise nichts erspart, den Aufgaben der Repräsentation unterzog sich der noch Halbwüchsige mit bescheidenem Charme und doch nicht ohne Selbstbewußtsein. Hinzpeters Bemühungen haben bei ihm mehr Früchte getragen als bei seinem hochfahrenden Bruder. Heinrich berichtete an Wilhelm, er habe bei den Deutschen in aller Welt die Meinung angetroffen, allein die britische Flotte sei in der Lage, sie zu beschützen. Prinz Wilhelm reichte diese Mitteilung an Bismarck weiter: „Dieses undeutsche Wesen wird aufhören, sobald Ew. Durchlaucht uns zu einer deutschen Flotte verhelfen."

Seeoffizier

Heinrich hat in der Marine eine Bilderbuchkarriere durchlaufen, vom Torpedobootkommandanten bis zum Chef der Hochseeflotte. Als Prinz v. Preußen avancierte er außerhalb der Normen der Rangliste, er war bereits Vizeadmiral, als die ersten seiner Crew zum Fregattenkapitän anstanden, wußte aber, das jugendliche Alter gemessen an den hohen Kommandostellen durch fachliches Wissen und natürliche Autorität auszugleichen. Man darf die Rolle Heinrichs nicht mit der fürstlicher Armeeführer gleichsetzen; sie konnten wenig verderben, wenn sie über einen tüchtigen Chef des Stabes verfügten. Auf See entscheidet das Können des Befehlshabers.

1880 besuchte Heinrich abermals die Marineschule und bestand die Seeoffiziershauptprüfung. Zur Belohnung durfte er mit seinem Bruder die Docks und Forts von Porthmouth besichtigen. Prinz Wilhelm überreichte dem Großvater in Berlin anschließend einen ausführlichen Bericht über die Vorläufer der Dreadnoughts, bisher unbekannte übergroße Panzerschiffe, die sie staunend zu Gesicht bekommen hatten.

Als Premierleutnant und Wachoffizier fuhr Heinrich anderthalb Jahre auf der Kreuzerkorvette „Olga“ (25) nach Mittel- und Südamerika. Während seiner Nachtwache kam in dieser

Zeit einmal eine Bö auf und streckte den Rudergänger nieder. Heinrich übergab sofort das Kommando und hielt selbst das Ruder mit äußerster Kraftanstrengung auf Kurs, bis Ersatzleute zur Stelle waren. Solches ganz unprinzliches Verhalten, dem weitere Beispiele einer handfesten Seemannsnatur folgen sollten, verschaffte ihm in der Marine aufrichtigen Respekt. Das Offizierkorps der „Olga" war im Sinne der Erziehung des Prinzen ausgesucht worden. Da es mit seiner Schulweisheit etwas haperte, sollte ihm die Schüchternheit unter lauter „klugen" Leuten abgewöhnt werden (Görlitz). Eine Beurteilung von 1884 durch seinen Kommandanten und späteren Hofmarschall in Kiel, Frhrn. v. Seckendorff, und ein wesentlich kritischeres Urteil von Tirpitz aus dem Jahre 1891 werden hier dokumentiert.

Nach der Rückkehr aus Amerika wurde Heinrich mit 20 Jahren zum Kapitänleutnant befördert. An den einzigen Prinzen in der Marine traten schon jetzt auch im Inland Forderungen der Öffentlichkeit heran. So ließ er sich auf einem Plakat der Deutschen Gesellschaft zur Rettung Schiffbrüchiger markig vernehmen: „In Noth geduldig, im Glück gütig. Frisch vorwärts in Gefahr!" Er legte den Grundstein zur Jakobikirche in Kiel; Hammer und Kelle sind der Gemeinde aus dem Nachlaß des Prinzen gestiftet worden und werden noch heute in einem Edelholzkasten aufbewahrt, eine Reminiszenz an die Verbindung von Thron und Altar.

Er residierte jetzt im Kieler Schloß, wo auch sein Bruder Wohnung nahm, als ein britisches Geschwader in Kiellinie in die Förde einlief und an den Bojen festmachte, das Flaggschiff „Hercules" direkt vor dem Schloß. Den britischen Kronprinzen ärgerte es, daß der alte Kaiser an seiner Stelle den Prinzen Wilhelm zur Begrüßung geschickt hatte. Das Verhältnis der Herrscherhäuser und der Marinen beider Länder war zu jener Zeit ungetrübt, wenn man von dem verborgenen, aber anhal-

Urtheile der Schiffs-Kommandanten pp. über Qualifikation pp.

Name des Schiffes	Name des das Urtheil Abgebenden	Urtheil.	Datum der Verfügung.	Journal No. und Akten-Rubrum.
„Olga"	Frhr. v. Seckendorf, Korv. Kpt.	Lt. z. S. Prinz Heinrich von Preußen Kgl. Hoheit ist vom größesten Eifer in seiner Stellung als Wach- und Detailoffizier während Höchstseiner bisherigen Dienstleistung an Bord S. M. S. „Olga" beseelt gewesen. Der Durchlauchtigste Prinz bringt daher auch eine den gesammelten Erfahrungen entsprechende Sicherheit und gute Kenntnisse in Ausübung des Dienstes zur Geltung. Die Gesammtleistungen berechtigen zu den besten Hoffnungen.	12/2. 87.	M. 424/87. II F.
Admiral-Stabs-Reise 1891.	Tirpitz, Kapt. z. S.	Kptlt. S. Prinz Heinrich v. Preußen, Kgl. Hoh. war voll Interesse und Eifer bei der Sache. Die Entschlußkraft Höchstdesselben wird zurzeit noch nicht genügend unterstützt durch Ueberblick u. sorgfältige Abwägung der das Endergebniß bestimmenden Faktoren. Das im Kriegsspiel behandelte Gebiet war Seiner Kgl. Hoheit bis dahin ziemlich fremd geblieben. Antheilnahme an seinen Untergebenen an den [illegible] Ueberlegungen gestattete Höchstderselbe nicht.	3/10 91.	11959/91. S. III. 3. 4.
	Kontre Admiral Frhr. v. d. Goltz.	siehe Immediatbericht an S. Majestät d.	6. 12. 92.	K. 10898 P. in S. III. 3. 4. u. III K. 34. vol. 1.
	do.	s. Auszug in diesen Akten d.	6. 10. 93.	K. 12176. P. S. III. 3 – 4.

tenden Groll der Queen über die Einverleibung Hannovers 1866 absieht. Die „Hercules“ nahm Heinrich nach England mit.

Hier sind einige Anmerkungen über das Kieler Schloß, den Hauptwohnsitz des Prinzen bis 1918, angebracht. 1879 hatte der Oberpräsident der Provinz den baufälligen Komplex geräumt. Das alte Schloß wurde für den Kaiser eingerichtet, der Mittelbau für den Prinzen vorgesehen. Mit seiner Großjährigkeit erhielt er einen Hofhaushalt mit Korvettenkapitän Frhrn. v. Seckendorff als Hofmarschall und zwölf Bediensteten. Die Königliche Porzellanmanufaktur lieferte ein Service für 36 Personen, Möbel kamen aus den Berliner Schlössern, das Tafelsilber schenkte der Kronprinz.

Umfangreiche Renovierungen waren erforderlich. Einige Gebäude gehörten der Universität und mußten abgelöst werden, ein Teil des Geländes dem Marinefiskus. Die Kosten wurden mit einer Million veranschlagt, sie erschienen dem sparsamen alten Kaiser über Gebühr hoch. Seckendorff antwortete: „Seine Kgl. Hoheit hat mir noch Heute davon gesprochen, wie fern es gerade Höchstihm liege, mit luxuriösen Ansprüchen, von denen das entsagungsvolle Leben zur See entwöhne, hervorzutreten“ (Seebach).

Aus Bad Ems gab der Kaiser schließlich seine Einwilligung. Heinrich ließ den Hofbauinspektor Alfred Geyer kommen, der für den Bruder Wilhelm das Marmorpalais in Potsdam erneuert hatte. An den Berliner Hofmarschall, Graf v. Perchonder, schrieb der Prinz: „Herr v. Seckendorff hat mir gemeldet, daß alle Verhältnisse im Schloß, die baulichen wie die auf Benützung bezüglichen, einer sehr erfreulichen Klärung entgegengehen... Die alte Schloßkapelle ist aber ein Raum, der nur zu diesem Zweck verwendbar ist, während die Bibliothek Wohnräume darbietet, die sonst zu den schönsten wie unentbehrlichsten rechnen, wenn die Gnade des Kaisers mir das gesamte

Schloß unter erweiterten Verhältnissen (gemeint ist die spätere Eheschließung, d. Verf.) zuweisen würde." In der Schloßkirche war zu jener Zeit ein Museum untergebracht.

Die Kosten wuchsen von Jahr zu Jahr. Ursachen waren der schlechte Baugrund, die Auslagerung von Möbeln und die Anwerbung von Berliner Handwerkern. Sie galten den angeblich schwerfälligen hiesigen für überlegen, mußten aber erst von „aufwiegelnden Elementen gesiebt" werden. An alles hatte man gedacht, auch ein Hundestall in klassizistischem Massivbau fehlte nicht. Die Endabrechnung 1889 belief sich auf 1,6 Millionen Goldmark.

Das Erdgeschoß mit Ritter- und Wappensaal blieb dem Kaiserpaar vorbehalten. Im ersten Geschoß, zu dem der Weiße Saal für Hoffeste gehörte, residierte Prinz Heinrich, das zweite Geschoß, heute Landesbibliothek, diente hohen Besuchern. Im Lesesaal der Landesbibliothek kann man drei stattliche Gästebücher einsehen, in denen zahlreiche Fürstlichkeiten, viele namhafte Politiker und Staatsbeamte sowie die Spitzen der Marine zu finden sind.

Heinrich fungierte jetzt zwei Sommer auf der Kreuzerfregatte „Stein" (31) als Artillerieoffizier, den Winter über besuchte er die Marineakademie. Er hatte sich beim Kaiser darum beworben: „Im Einverständnis mit den mir bekannt gewordenen Ansichten des Herrn Chefs der Admiralität über meine fernerweite militärische Ausbildung bitte Euer Majestät ich allerunterthänigst, meine Kommandierung zum Besuche des I. Coetus der Marine Akademie mit den Maßgaben huldreichst befehlen zu wollen, daß die Vorlesungen in Mathematik, Physik und Chemie in Wegfall kommen dürfen. Es würde mir dadurch die Gelegenheit geboten werden, diejenigen besonderen Kenntniße zu erwerben, deren ich in wissenschaftlicher Beziehung, zumal in Rücksicht auf meine außermilitärische Stellung im Staatsleben noch unabweisbar bedarf.

Mit Eurer Majestät huldvoller Genehmigung würde ich statt der abstrakten Wissenschaften private Vorlesungen über Staats- und Verwaltungsrecht, über neuere Geschichte und philosophische Propädeutik hören und in gleicher wissenschaftlichen Richtung auch während des Besuchs des II. Coetus der Marine Akademie seiner Zeit fortarbeiten können. Geeignete Lehrkräfte bieten nach der maßgebenden Berathung, welche ich mir von Eurer Majestät Ministerium der geistlichen usw. Angelegenheiten erbeten habe, die Königliche Universität Kiel."

Seine Leistungen auf der Akademie sind wie folgt bewertet worden: Kriegsgeschichte gut, Artillerie sehr gut, Torpedolehre gut, Schiffsmaschinenkunde sehr gut, Schiffbau gut. (B/M) Auf der Akademie erreichte ihn der Ruf des alten Kaisers, Regent des verwaisten Herzogtums Braunschweig zu werden. Es hätte ein Leben in Beschaulichkeit bedeutet. Obwohl derlei Entschlüsse Wilhelms I. einem Befehl gleichkamen, faßte sich Heinrich ein Herz und bat den Großvater inständig, ihn auf der „Stein" zu belassen. Der Kaiser betraute dann schweren Herzens, wie er sagte, den Prinzen Albrecht v. Preußen mit der Regentschaft.

1884 war alles, was in der Marine schwamm, vor Zoppot zu einem Manöver mit Landeübung versammelt. Die Prinzen befanden sich im Gefolge des Chefs der Admiralität, des Generals v. Caprivi, genannt der „Seehund". Über ein anderes Manöver des Jahres berichtet Graf Waldersee und läßt dabei ein Licht auf das Verhältnis des Kronprinzen zu seinen beiden Söhnen fallen: „Daß Prinz Wilhelm zur Leitung kommandiert war, also eigentlich zum Vater, wurde völlig ignoriert. Der Kronprinz vermied es, mich dabei auch nur einmal zu fragen, wo ist oder was macht mein Sohn? Als dieser im Laufe des Manövers mehrfach zu mir zurückkam, tat der Vater so, als wenn er ihn kaum bemerkte, beschäftigte sich aber gern mit dem Prinzen Heinrich, der zu seinem Stab gehörte. Prinz Wilhelm ließ es aber niemand merken, wie er diese Unfreundlichkeit des Vaters empfand."

1886 wurde Heinrich Erster Offizier des Panzerschiffs „Oldenburg" (25), im Winter führte er eine Kompanie der I. Matrosendivision und übernahm anschließend das Kommando auf einem Torpedoboot, das ihm gleichzeitig die Stellung eines Chefs der I. Torpedobootsdivision eintrug. Die kleinen Torpedoboote dienten nach landläufiger Meinung nur dem Küstenschutz, galten auf hoher See als unbrauchbar. Es versetzte daher die britische Marine in Bewunderung, als der Korvettenkapitän Prinz Heinrich zum fünfzigjährigen Krönungsjubiläum der Queen mit seiner Torpedobootsdivision die Themse aufwärts lief. Großherzog Ludwig IV. von Hessen besuchte in Begleitung seiner Tochter Irene den künftigen Schwiegersohn Heinrich auf dessen Boot. Die Brautleute kannten sich von Jugend auf, die Verlobung hatte der Kaiser an seinem 90. Geburtstag verkündet.

Prinz Wilhelm, eingeschifft auf „Blitz" (5), vertrat bei den Feierlichkeiten offiziell den Kaiser. Der durch ein Kehlkopfleiden verstummte Kronprinz ritt nur im Gefolge mit. Trotzdem war der Sieger von Königgrätz und Wörth auf dem Wege vom Buckingham Palace zur Westminster Abbey die am meisten bewunderte Erscheinung. Die Londoner nannten den Kürassier „Lohengrin".

Auf der Rückreise kam es zu einer harten Auseinandersetzung zwischen dem Flotillenchef und Inspekteur des Torpedowesens, dem damaligen Kapitän z. S. Tirpitz, und Heinrich. Bei einem Sturm von zehn Windstärken lief der junge Divisionschef mit seinen Booten eigenmächtig, aber seemännisch absolut richtig, in die Emsmündung ein. Nach Tirpitz' Ansicht waren die Torpedoboote jedem Wetter gewachsen und hatten gefälligst in See zu bleiben. Zwei Monate später gab ein ähnlicher Vorfall dem Prinzen recht. Wiederum entschied sich Heinrich, diesmal zur Selbständigkeit befugt, bei Sturm nicht auszulaufen. Tirpitz, der Unparteiische des Manövers, überredete ihn mit dem Nachdruck des Vorgesetzten, in See zu gehen. Die Boote kamen nicht voran und verfehlten den vorgesehenen Treffpunkt.

Im gleichen Sommer erschien der alte Kaiser zur Grundsteinlegung des Nord-Ostsee-Kanals in Kiel. Den Ehrendienst versah Heinrichs Hofmarschall, Kapitän z. S. v. Seckendorff. Zum ersten Mal trug ein Seeoffizier die Fangschnur eines kaiserlichen Flügeladjutanten. Als der Großvater sich auf dem Bahnsteig vom Enkel Heinrich verabschiedete, redete der Prinz lebhaft auf ihn ein, er wird von der Begeisterung seines Bruders für die Marine gesprochen haben, denn spontan stellte Wilhelm I. den Prinzen Wilhelm à la suite des I. Seebataillons. Heinrich jubelte und erdrückte den Bruder fast in seiner stürmischen Umarmung, der künftige Thronfolger hatte den ersten Fuß in die Marine gesetzt. Alle außer dem preußischen Kriegsminister, General Bronsart v. Schellendorff, beglückwünschten den Prinzen Wilhelm. Der Kriegsminister dämpfte: „Na, Sie sollen sich ja für dergleichen Dinge interessieren" (Wilhelm II.).

Für Generale wie v. Bronsart war die ehemals preußische Marine nicht mehr als ein kostspieliger Wurmfortsatz der Armee. Der Marine fehlte nach Ansicht dieser Herren ein ebenbürtiges Offizierkorps. Die Kommandanten, oft alte Handelsschiffskapitäne, schienen wenig geeignet, ein solches Korps heranzubilden. Selbst Wilhelm II. meinte noch als Prinz, man hätte besser daran getan, die Kapitäne auf Navigation und Seemannschaft zu beschränken, zu Kommandanten aber Kavalleristen, für die Geschütze Artilleristen und für den Drill Infanterieoffiziere an Bord zu schicken.

Dreikaiserjahr

Schon 1886 hatte sich der Kronprinz dagegen ausgesprochen, daß Prinz Wilhelm sich in einem Ministerium Regierungskenntnisse aneigne, schon gar nicht im Auswärtigen Amt bei seinem Hang zur Überhebung und bei seiner Unerfahrenheit. Lieber hätte er ihn bei einem Regierungspräsidenten oder in einem Landratsamt gewußt. Der persönliche Umgang mit dem Sohn blieb freundlich, vorausgesetzt, daß Victoria nicht in der Nähe war. Sie begann, den Liebling des alten Kaisers und den glühenden Verehrer Bismarcks zu hassen.

Die Reise des Kronprinzen zum Krönungsjubiläum der Queen endete in San Remo, im milden Klima erhoffte man sich Befreiung von seiner Heiserkeit. Die Behandlung war verworren, die unterschiedlichsten Lehrmeinungen stürmten auf den Patienten ein. Der englische Spezialist hielt die Geschwulst unter den Stimmbändern für gutartig, deutsche Ärzte diagnostizierten Krebs und schlugen eine Exstirpation des Kehlkopfes vor. Ihr widersetzte sich der Kronprinz.

Der Kaiser schickte den Prinzen Wilhelm nach San Remo, um nicht nur aus der hin- und herwogenden Presse unterrichtet zu sein. Der junge Wilhelm nahm diesen Auftrag höchst wichtig und geriet darüber in heftige Zusammenstöße mit seiner Mutter. Als nun noch Bismarck die Stellvertretung des stark geschwächten alten Kaisers regelte, indem er durch Kabinettsorder unter Umgehung des Kronprinzen den Prinzen Wilhelm die laufenden Erlasse „Auf Allerhöchsten Befehl" unterzeichnen ließ, brach die Feindschaft offen aus. „Ich komme nicht zur Macht, ich komme nicht zur Macht!" schrie Victoria verbittert dem Sohn entgegen. Sie konnte sein angeblich lautes Organ nicht ertragen. Dem Gatten hatte sie die Neuigkeit vorenthalten, der arglose Heinrich plauderte sie aus.

Der Queen schrieb Victoria: „Heinrich behauptet weiter, daß sein Vater infolge Tätigkeit der Ärzte und durch mich verloren ist... Er wird so grob und unverschämt, daß ich es wirklich nicht länger ertragen kann... Er ist voller Vorurteile und glaubt alles besser als seine Mama und die Ärzte hier zu wissen, und ist überzeugt, daß wir nicht die Wahrheit sagen. Er ist widerspenstig wie ein Maulesel." Ein paar Tage später beruhigte sie sich: „Er ist immer nett, wenn er eine Zeit lang bei uns gewesen ist, aber nicht, wenn er von anderen aufgehetzt und sein Kopf in Berlin mit Unsinn vollgestopft worden ist." (Ponsonby)

Wenn Prinz Heinrich mit seiner Mutter allein war, stand er stark unter ihrem Einfluß und löste sich erst aus ihrem Bann, sobald sie außer Reichweite war. Dann pflichtete er seinem Bruder bei, obwohl es in der gereizten Umgebung von San Remo auch zu Auftritten zwischen Wilhelm und Heinrich gekommen war. Prinz Wilhelm war ganz mit seinem bevorstehenden Regierungsantritt befaßt: „Es ist übrigens sehr fraglich, ob ein Mann, der nicht sprechen kann, überhaupt König von Preußen sein kann", gab er dem Fürsten zu Eulenburg-Hertefeld zu bedenken.

Zu Anfang des Jahres 1888 bestätigte sich der Krebsverdacht, ein Luftröhrenschnitt wurde notwendig. Auf die Nachricht vom Tode seines Vaters brach der Kronprinz von San

Remo auf, um im Charlottenburger Schloß Wohnung zu nehmen. Auf der Depesche stand „Seiner Majestät Kaiser Friedrich Wilhelm“, ein einzigartiges Dokument, denn er nannte sich vom ersten Tag seiner Regierung an Friedrich III. Dieser ersten Order folgte die Verleihung des Ordens vom Schwarzen Adler an Victoria, die sich als Witwe später Kaiserin Friedrich nannte.

In Leipzig bestieg Bismarck den Hofzug und nahm nach einer herzlichen Umarmung durch den neuen Souverän zwei Proklamationen entgegen: „An Mein Volk“ und „An den Reichskanzler“. In der zweiten klangen neue Töne auf, die breite Begeisterung hervorriefen, aber wegen der Kürze der Regierungszeit nur Deklamation blieben. Als Friedrich III. die Reglements, die Landestrauer betreffend, außer Kraft setzte, weil er es jedem Bürger überlassen wollte, wie er seiner Betrübnis Ausdruck gebe, zeigte sich, wie viele den Erlaß einfach ignorierten. Sie schielten bereits nach dem Kronprinzen Wilhelm.

Nicht gegen den Reichskanzler, wohl aber gegen den preußischen Ministerpräsidenten Bismarck vermochte sich Friedrich III. einmal durchzusetzen. Als Eugen Richter im Abgeordnetenhaus erhebliche Wahlbeeinflussungen zur Sprache brachte, entließ der neue König Bismarcks Favoriten, den Innenminister v. Puttkamer. Diese Entlassung vollzog sich an dem Tage, als die künstliche Ernährung durch eine Schlundsonde begann. Es war wie ein letztes Aufbäumen. Das fortgesetzte Auswechseln der Atemkanülen machte schon vorher die regelmäßige Schreibtischarbeit zur Qual.

Im Mai 1888 fand die Hochzeit Heinrichs mit Prinzessin Irene von Hessen und bei Rhein, einer Tochter der Schwester seiner Mutter, statt, ein kleiner Glücksstrahl für den schon stark abgemagerten Kaiser, der sich zwang, die Traurede stehend anzuhören. Auf einen Zettel schrieb er für Heinrich:

„Du hast mir keinen Augenblick Kummer gemacht." Nach dem wenigen, was darüber durchgesickert ist, hätten die Eltern Heinrich in der Thronfolge den Vorzug gegeben, wäre er der Erstgeborene gewesen. Er besaß, was sie an Wilhelm vermißten, Takt, Freundlichkeit im Umgang und einen Kern von Liberalität. Bismarck, der Heinrichs Ehe guthieß, meinte, er trüge alles mit „Wurschtigkeit" (Spitzenberg).

Nach der Trauung siedelte das Paar nach Schloß Fischbach in Schlesien über, das den Hessen gehörte. Mit welchem Aufwand das Paar zu reisen pflegte, illustriert eine vierseitige geheime Dienstordnung der Eisenbahndirektion Altona, deren Vorderblatt hier dokumentiert wird. Auf den weiteren Seiten wird u. a. verzeichnet, daß der Präsident der Eisenbahndirektion und ein Baurat den Zug zu begleiten, welche kreuzenden Züge auszufallen haben, wie viele Reservelokomotiven in Bereitschaft zu halten, daß die Perrons überall abzusperren seien und ein möglichst mäßiger Gebrauch von der Dampfpfeife zu machen sei. Unter 17. heißt es: „Im Allgemeinen wird allen betheiligten Beamten die strengste Befolgung der Bestimmungen über Reisen Allerhöchster und Höchster Herrschaften, insbesondere der §§ 7 bis 84, zur besonderen Pflicht gemacht."

Mit dem Tode Friedrichs III. schwand die Hoffnung auf ein liberaleres Regiment, eine politische Generation war übersprungen worden. Der Prinz von Wales, der spätere Eduard VII., sagte von seinem Schwager: „Er war zu gut für diese Welt." Friedrich besaß keine Anlage zur Herrschernatur, ihm fehlte es, außer als Soldat, an Standhaftigkeit. Oft gab er Victoria nach, dem Sohn Wilhelm hierin verächtlich. Niemand bestritt ihm Redlichkeit, Rechtssinn und Weitblick. „Keine Spur ist von dieser Regierung geblieben." (Freund)

Aber erstaunlicherweise hat sich Friedrich III. eingehend mit neuen Uniformen für die Kaiserliche Marine befaßt. Die

Geheim!

Dienst-Ordnung

zur Reise

Ihrer Königlichen Hoheiten des Prinzen und der Prinzessin Heinrich von Preußen

von Berlin, Lehrt. Bhf. bis Kiel

am 29. und 30. Juni 1888.

Altona, am 27. Juni 1888.

I. Reise von Berlin bis Hamburg.

1. Ihre Königlichen Hoheiten der Prinz und die Prinzessin Heinrich von Preußen werden am Freitag, den 29. Juni d. Js., mit dem Zuge 22 von Berlin 11 15 N. abfahren und am 30. d. Mts. in Hamburg eintreffen, um am selben Tage mit Extrazug von Altona (ab 9 04 Vorm. Berl. Zt.) nach Kiel zu reisen.
2. Zu diesem Zwecke hat die Station Berlin, Lehrter Bhf. am 29. d. Mts.:

   1 Gepäckwagen mit besetzter Bremse,
   1 Revisionswagen des Betriebsamts Berlin,
   1 Schlafwagen,
   1 Personenwagen I. und II. Klasse mit besetzter Bremse

   in der angegebenen Reihenfolge direkt hinter die Lokomotive in den Zug 22 einzustellen, und für die Höchsten Herrschaften nebst Gefolge und Dienerschaft zu reserviren.

   Der Gepäckwagen wird mit Gepäckstücken in Berlin, Lehrt. Bhf. beladen.
3. Die Dienerschaft benutzt den Zug 22 von Berlin aus, während Ihre Königlichen Hoheiten nebst einem Herrn und einer Dame des Gefolges erst in Spandau zugehen und von da ab den Schlafwagen benutzen, in welchem außer den beiden Höchsten Herrschaften noch der persönliche Adjutant, Hauptmann von Haugwitz, die Hofdame Gräfin zu Rantzau nebst der Kammerfrau und dem Garderobier Platz nehmen werden.
4. Zug 22 hat am 30. d. Mts. in Hamburg, Berliner Bhf. vor der Abzweigungsweiche nach dem Bahnhof Klosterthor zu halten.

   Nachdem die vorstehend ab Berlin, Lehrter Bhf., eingestellten Wagen abgehängt worden sind, werden dieselben mit der Zugmaschine des Zuges 22, nach dem besonders aufge-

Marine war eines der wenigen Reichsinstrumente, das preußische Königtum galt diesem Kaiser wenig, solange die Könige und Großherzöge in Deutschland nicht daran dachten, wie es seine Utopie wünschte, in den Stand von Herzögen zurückzutreten. Die Ausarbeitung der Uniformvorschläge übernahm Heinrich, der Kaiser zog Wilhelms Rat vor der Genehmigung hinzu. Wilhelm II. führte die Änderungen dann nach seinem Regierungsantritt ein.

So sehr Prinz Heinrich auf strenge Bordetikette hielt, die sich nach englischem Vorbild herangebildet hatte, in der Kleiderordnung billigte er sich einen legeren Stil zu. Bekannt geworden ist die „Prinz-Heinrich-Mütze", auffallend durch ihren knappen Bezug. Er trug als einziger in der Marine statt der Schleife zum Eckenkragen einen langen Binder unter dem Umlegekragen, ein tailliertes Jackett mit weißem Kavalierstuch und im Winter zur Uniform einen Pelzkragen. Diese Eigenwilligkeiten, Dandytum war ihm gänzlich fremd, setzten sich erst sehr viel später allgemein durch. Ein Attribut des Zigarettenrauchers war das Luntenfeuerzeug. Von seinen Untergebenen erwartete er glatte Rasur oder einen Spitzbart, wie er selbst ihn trug. Mag sein, daß er den aufgezwirbelten Schnurrbart seinem kaiserlichen Bruder vorbehalten wissen wollte.

Die erste Amtshandlung Wilhelms II. verrät das tiefe Mißtrauen gegen seine Mutter. Er ließ noch am Todestag seines Vaters durch das Lehrbataillon der Infantrie und zwei Schwadronen Husaren und Ulanen das Neue Palais umstellen, damit keine Person aus- und eingehen konnte. Die Fahndung galt den Tagebüchern Friedrichs III., die den Sohn hätten kompromittieren können. Der schriftliche Nachlaß des Kaisers war jedoch rechtzeitig von San Remo aus über die britische Botschaft in Berlin nach London verbracht worden.

Bismarck beurteilte die neue, zur Macht gelangte Hohenzollerngeneration skeptisch: „Ein gewisses schüchternes Mißtrauen in die eigene Leistungsfähigkeit hat in der vierten Generation einem Maße von zuversichtlichem Selbstvertrauen Platz gemacht, wie wir es seit Friedrich dem Großen nicht auf dem Thron gesehen haben, doch nur bei dem regierenden Herrn. Sein Bruder, Prinz Heinrich, scheint das gleiche Mißtrauen in die eigenen Kräfte und die gleiche innerliche Bescheidenheit zu haben, die man trotz allem olympischen Bewußtsein bei näherer Bekanntschaft in den Kaisern Friedrich und Wilhelm I. zu Grunde liegend fand."

In einem Tagesbefehl machte Wilhelm der Marine bekannt, daß er den Oberbefehl über sie angetreten habe: „Die Marine weiß, daß es Mich nicht nur mit großer Freude erfüllt hat, ihr durch ein äußeres Band anzugehören, sondern daß Mich seit frühester Jugend in voller Übereinstimmung mit meinem lieben Bruder, dem Prinzen Heinrich von Preußen, ein lebhaftes und warmes Interesse mit ihr verbindet." Schon bald nach der Thronbesteigung demonstrierte der neue Oberbefehlshaber, was vor ihm noch kein preußischer König oder deutscher Kaiser getan hatte: in Seeoffiziersuniform schritt er als Großadmiral die Treppe des Kieler Bahnhofs herab. Deutlicher konnte er nicht zeigen, daß die Marine sein Lieblingskind sein würde.

Prinz Heinrich war zu dieser Zeit Kommandant der „Hohenzollern", ein Kommando von nahezu symbolischem Charakter. Der Kaiser erteilte ihm auf der Reise nach Kronstadt, Stockholm und Kopenhagen täglich Befehle, die Heinrich leuchtenden Auges quittierte. Fast ein Viertel seiner fünfundzwanzigjährigen Regierungszeit im Frieden hat Wilhelm II. auf der „Hohenzollern" zugebracht, in manchen Jahren ließ er die Yacht durch Admirale fahren. An Bord fielen wichtige Entscheidungen wie die Ernennung von Tirpitz' und die Entlassung Bülows.

1893 wurde eine neue „Hohenzollern" in Dienst gestellt, die

Kosten lagen in der Höhe eines Kreuzerneubaus. 1888 befanden sich die deutschen Werften, besonders die Vulkanwerft in Stettin, noch in einer tiefen Krise. Der Kriegschiffbau stagnierte, die großen deutschen Reedereien ließen ihre Aufträge lieber in England ausführen. Dem gemeinsamen Nachdruck von Kaiser und Kanzler gelang es, den Bremer Lloyd zu bewegen, eine Serie großer Passagierdampfer in Stettin bauen zu lassen. „Ich verlieh der Freude darüber Ausdruck, daß Ich im Frieden ohne einen Tropfen Blut Meinen ersten Lorbeer aus der Hand braver deutscher Arbeiter empfing“, erinnert sich Wilhelm II. 1922 über seinen damaligen Besuch in Stettin, wo ihm „spontan“ diese Huldigung dargebracht wurde.

Chef der Admiralität war seit 1883 Leo v. Caprivi. Dieser General fand sich bei allem Bemühen nur schwer in die Marineverhältnisse hinein. Als sein neuer Oberbefehlshaber, Wilhelm II., der sich für einen maritimen Fachmann hielt, Kritik übte, bat er um Ablösung und erhielt ein Armeekorps. Caprivi war nicht nachtragend, der Kaiser berief ihn 1890 als Nachfolger Bismarcks zum Reichskanzler. Chef der Admiralität wurde jetzt ein Seeoffizier, Admiral Graf Monts. Damit war die Marine im Dreikaiserjahr autonomer geworden. Monts forderte den Bau von vier Schlachtschiffen. Seine Ernennung hatte die Marine mündig gemacht. (Röhr)

Aus dem Dreikaiserjahr verdient eine Tagebuchnotiz des österreichischen Marine-Commandanten und Chefs der Marinesektion, Admiral Frhrn. v. Sternecks festgehalten zu werden: „Prinz Heinrich v. Preußen ist ein hochintelligenter Seeoffizier, man kann der Marine zu diesem zukünftigen Führer gratuliren.“

Kommandant

Im folgenden Jahr wurde die Organisation der Marine umgebildet. Die Admiralität wurde aufgelöst, zum Zivil- und Militärkabinett trat ein eigenes Marinekabinett, besetzt vom Flügeladjutanten des Kaisers, Kapitän z. S. Frhrn. v. Senden-Bibran. Im Reichsmarineamt erhielt die Marine ein eigenes Ministerium, sein Staatssekretär vertrat sie vor dem Reichstag und dem Bundesrat. Zum Kommandierenden Admiral im Oberkommando der Marine ernannte der Kaiser v. Stosch. Der Oberbau stand, der Ausbau der Flotte konnte beginnen.

Kommandant des neuesten Kreuzers II. Klasse, der „Irene“ (17), des ersten Kriegsschiffes ohne Segeltakelage, wurde Prinz Heinrich. An Kaisers Geburtstag war er zum Kapitän z. S. befördert worden. Die Kleinen Kreuzer wurden sonst von Korvettenkapitänen geführt, aber das focht Heinrich nicht an. Er wußte sich den älteren Kommandanten in Navigation und Seemannschaft überlegen. Auf dem Gebiet der Manövrierkunst war er kühn, aber sicher. Ein großes Reisepensum galt es zu bewältigen. Mit hoher Geschwindigkeit lief die „Irene“ in den Hafen von Gibraltar ein, der Kommandant brachte das Schiff exakt neben der Anlegeboje zum Stehen. Die Signalstation auf der Spitze des Felsens durfte er erst nach Rückfrage des

Gouverneurs in London besichtigen. In Malaga warf die schönste aller Fandangotänzerinnen ihre Glutaugen auf Heinrich. Er blieb kühl und zog sich zurück. (Hopman)

Im März war sein erster Sohn, Prinz Waldemar, geboren worden. Waldemar war wie sein jüngerer Bruder Heinrich, der schon mit vier Jahren starb, ein Bluter. Der kränkelnde Junge wurde mit sechs anderen Bürgersöhnen, zu denen der spätere Landesbischof Heinrich Rendtorff gehörte, in einer Privatklasse im Kieler Schloß unterrichtet. Zu den Ferien lud der Prinz die Mitschüler Waldemars auf sein Gut Hemmelmark ein. Die Schwester des Bischofs berichtet von dem reichen Wissen und dem tadellosen Benehmen, das die Jahre ihrem Bruder eintrugen (Toaspern). Am Kriege durfte Waldemar nicht teilnehmen, er diente im Kraftfahrkorps der Seewehr und ist 1945, als sich sein Magenbluten verschlimmerte, gestorben. Waldemar trug an dem gleichen Erbe wie der Zarewitsch, beider Mütter waren Schwestern, in ihnen fand die fortgesetzte Inzucht der europäischen Fürstenhäuser ihre Opfer. Auch das achte Kind der Queen, Prinz Leopold, war Bluter.

Die Leiterin des Kieler Stadtarchivs, Dr. Hedwig Sievert, hat sich 1959 von einem langjährigen Dienerehepaar das Leben im Kieler Schloß erzählen lassen. Der Lakai war mit einem Kameraden aus dem 1. Garderegiment zu Fuß herausgesucht. Morgens um 7 Uhr reichte er dem Prinzenpaar Gebäck ans Bett und führte die Kinder zu. Zum Frühstück wurde ein gedeckter Tisch ins Wohnzimmer getragen. Die Kinderfrau war Engländerin, aus der Perspektive der Dienerschaft sprach die Familie nur Englisch miteinander. Der Berichterstatter rückte zum Reisebegleiter des Prinzen Sigismund auf. Der junge Waldemar mußte oft getragen werden, weil seine Fußknöchel blau anliefen. Den Eltern wurde gemeldet, wenn die Kinder abends im Bett lagen, damit sie sich zum Nachtgebet einfänden. Heinrich erlernte mit Eifer von seinem Diener das Photographieren und ließ im Schloß ein Photoatelier einrichten. Zu erwähnen ist noch, daß die Bediensteten alle zwei Wochen zwischen dem Kieler Schloß und Hemmelmark ausgewechselt wurden.

Von Malaga ging es nach La Spezia. Italien nahm in der Flottenstärke nach England und Frankreich den dritten Platz ein. Die Italiener hatten als erste Linienschiffe von 16 000 t gebaut, der Kommandant der winzigen „Irene" bestaunte die „Lepanto" und „Italia". In Genua stieß der Kreuzer zum Übungsgeschwader, das das Kaiserpaar zur Hochzeit der Prinzessin Sophie v. Preußen mit dem Kronprinzen Konstantin von Griechenland bringen sollte.

In drei Kolonnen liefen die Gäste auf Athen zu. In der Mitte das deutsche Geschwader, Wilhelm II. auf dem Flaggschiff „Kaiser" (18), von wo aus die Signale nach Backbord an den italienischen Flügel, nach Steuerbord an den englischen gegeben wurden. Die Russen warteten bereits in Piräus. Hier konnte sich der Kaiser als Oberbefehlshaber seiner Marine darstellen; er hatte kurz zuvor die Würde eines Admirals of the Fleet empfangen. Hinzpeter, den Heinrich in reiferen Jahren einen der größten Menschen nannte, meinte, Wilhelm beherrsche das Signalbuch wie kein anderer, sei aber unfähig, das kleinste Boot von Kiel nach Eckernförde zu fahren.

Heinrich schiffte sich auf der „Kaiser" ein, die die „Hohenzollern" beim Einlaufen in die Dardanellen eskortierte. Beim Sultan Abdul-Hamid bahnte man den Bau der Bagdadbahn an und durchkreuzte damit britische und russische Interessen. In Rom wurde der Kaiser von Leo XIII. in Audienz empfangen. Überraschend tauchte Prinz Heinrich im Vatikan auf. Herbert v. Bismarck, der Heinrichs Begleitung des Kaiserbesuchs in Rom für „groben Unfug" hielt, erblickte gleichwohl in einer Antichambre des Prinzen eine Würdelosigkeit und bestand darauf, Heinrichs Ankunft unverzüglich Seiner Heiligkeit zu melden. Auf diese Weise wurde das Gespräch der Souveräne unterbrochen, richtiger abgebrochen. (Spitzenberg)

Mitte Dezember war Heinrich nach Ausschiffung des Kaiserpaars in Venedig aus den Fesseln des Verbandes entlassen und endlich am Ziel seiner Wünsche angelangt, selbständiger Kommandant in außerheimischen Gewässern zu sein. Beim Einlaufen in Pola wurde er von Erzherzog Karl Stephan, Chef eines österreichischen Geschwaders, herzlich empfangen. Diese Herzlichkeit durfte nicht darüber hinwegtäuschen, daß die Marine des Habsburgerreiches dem Streben des Deutschen Kaisers nach Seegeltung skeptisch gegenüberstand. Admiral Frhr. v. Spaun, acht Jahre später Oberstkommandierender der österreich-ungarischen Marine, hat zu Eckardstein geäußert: „Daß Deutschland seinen Seehandel erweitern und kräftigen muß, ist selbstverständlich, England wird sich dem auch nie widersetzen. Sollte Deutschland aber wirklich den Versuch machen, sich je eine England ebenbürtige Kampfflotte zu schaffen, so könnte dies nur in einer Katastrophe für Deutschland enden."

In Venedig war Prinzessin Irene an Bord gekommen, das Prinzenpaar fuhr auf dem Kreuzer nach Korfu, eingeladen vom König von Griechenland, der sie persönlich bewirtete. Drei Wochen in Kairo mit einem Abstecher nach Jerusalem und einer Weiterfahrt nach La Valetta auf Malta schlossen sich an. Hier gebot der Chief of the Mediterranian Station über zwanzig Schiffseinheiten, eine Demonstration gegenüber Frankreich und Rußland. Die britische Flottenvorlage von 1889 sah den Bau von 10 Linienschiffen und 42 Kreuzern vor, ein Tribut an den „Two-power-standard". Die englische Flotte sollte stärker werden als die zweit- und drittstärkste Seemacht zusammengerechnet.

Bevor Prinzessin Irene die Heimreise auf einem Dampfer

antrat, verbrachte das Paar vierzehn Tage im Palast des britischen Gouverneurs. Nach der Devise „Blood is thicker than water" war das Einvernehmen ausgesprochen freundlich. Obwohl Prinz Heinrich seinen Dienstobliegenheiten als Kommandant durchaus nachkam, fand diese ausgedehnte „Yachtreise" des Paares in der Kaiserlichen Marine geteiltes Echo. Dem Kaiser billigte man die Mitnahme seiner Gemahlin bei Staatsbesuchen auf einem Kriegschiff zu, der Prinzessin Irene wollten viele Seeoffiziere die Urlaubsreise auf einem Kreuzer nicht einräumen. In Neapel stieß die „Irene" für die Heimreise wieder zum Übungsgeschwader.

In Port Mahon hatte Heinrich von der Entlassung Bismarcks erfahren. Seine Reaktion ist nicht überliefert, es ist aber anzunehmen, daß er auch in dieser Frage dem kaiserlichen Bruder zustimmte. An den zum Geheimen Rat ernannten Hinzpeter hatte Wilhelm II. geschrieben: „Das Amt des wachhabenden Offiziers auf dem Staatsschiff ist mir zugefallen. Der Kurs bleibt der alte: Volldampf voraus!" Kardinal v. Hohenlohe, ein Bruder des Reichskanzlers und Großalmosenier des Papstes, publizierte in einer Flugschrift unter Pseudonym über Heinrich: „Sicher billigte er den Bruch nicht und noch weniger die Art des Bruches. Aber niemand konnte ihn jemals sagen hören, daß er ihn tadle... Das Band, mit dem der jüngere Bruder mit dem älteren verbunden bleibt, hat Prinz Heinrich stets als ein intimes, liebevolles, hingebendes begriffen, nicht bloß des Rechtes des Blutes und der Familienpflichten halber, sondern aus innerster freier, absoluter Überzeugung" (Italico).

Zu einer Kontroverse kam es, als die „Irene" die „Hohenzollern" nach Cowes begleitete. Beim Einlaufen in Dover, die Dunkelheit war schon eingebrochen, befahl der Kaiser, für die bereits niedergeholte britische Nationalflagge Salut zu schießen. Prinz Heinrich verwies im Scheinwerferlicht durch Winkspruch auf das internationale Zeremoniell, das Salut nur bei

Tageslicht zuläßt. Der Bruder beharrte auf seinem Befehl mit dem Erfolg, daß eine Erwiderung von Land ausblieb, weil die Kanoniere längst weggetreten waren. Die englische Fachpresse erregte sich über solche Eigenwilligkeiten der Kaiserlichen Marine.

Übrigens verstieß Prinz Heinrich neun Jahre später selbst gegen die Bordetikette. Sein Bruder wollte den Prinzen Adalbert auf einem Ball im Kaiserlichen Yachtclub überraschen. Die Fahrt des Sonderzuges mit verhangenen Fenstern von Nauen nach Plön wurde als Probefahrt der Reichsbahn deklariert. In der Holsteinischen Schweiz holte Heinrich den Kaiser und sein Gefolge mit sieben Automobilen ab, im Kieler Schloß gab er Masken und Dominokostüme aus. Auf dem Ball waren nur die Gäste vermummt. Über eine Stunde blieb der Kaiser unerkannt. Als eine Dame in ihm „den Kronprinzen mit aufgefüllter Taille" vermutete, ließ Wilhelm die Maske fallen. Heinrich brach in kindlichen Jubel aus und befahl kurz vor Mitternacht der Flotte auf der Förde, für die soeben erkannte Majestät Kaisersalut zu schießen. Die Kieler Bevölkerung schrak aus ihren Betten auf.

Die Cowes-Woche auf der Insel Wight entsprach den Regatten der Kieler Woche. Der Kaiser segelte auf seiner „Meteor", die bis 1906 eine ausschließlich englische Besatzung vom Kapitän bis zum Küchenjungen hatte, der Prince of Wales, der spätere Eduard VII. auf „Britannia". Dem englischen Thronfolger widerstrebte das aufdringliche Wesen seines Neffen: „Früher war die Regattawoche in Cowes ein Vergnügen und eine Erholung für mich, jetzt, seitdem der Kaiser das Kommando übernimmt, ist sie für mich nur noch eine Plage; vielleicht komme ich nächstes Jahr überhaupt gar nicht mehr her" (Eckardstein). Eduards Mutter bedeutete ihrem Enkel, daß ein alljährlicher Besuch in Cowes nicht passend sei.

In Osborne, in „the Queen's Drawing-room" stellte Prinz

Heinrich der Königin Victoria das Offizierskorps der „Irene" vor. Anwesend war der Führer der Konservativen, Premierminister Lord Salisbury. Der Besuch setzte das letzte Siegel unter den Helgolandvertrag, der die Insel im Tausch gegen Sansibar dem Reich zuführte. Sir Henry Morton Stanley meinte, England habe für einen Hosenknopf einen ganzen Anzug erhalten. Der deutsche Botschafter in London, Graf Hatzfeld, war vom Auswärtigen Amt aus Berlin gedrängt worden, auch um einen hohen Preis abzuschließen, weil das Hofmarschallamt bereits den Termin für die Flaggenhissung durch Seine Majestät festgelegt habe. Bismarck, inzwischen entlassen, war gegen den Erwerb Helgolands. Seiner Ansicht nach bot Englands Besitz der Insel eine Garantie gegen das Eindringen einer französischen Flotte in deutsche Gewässer. Diese Auffassung des Altreichskanzlers entsprang seinem kontinentalen Denken. Eine kriegerische Auseinandersetzung mit England lag jenseits seiner Vorstellungen.

Tatsächlich bedeutete das britische Helgoland einen Pfahl im Fleisch der deutschen Marine, jede Bewegung der Flotte war lückenloser Überwachung ausgesetzt gewesen. Am 9. August 1890 ergriff Wilhelm II. in Anwesenheit der gesamten Manöverflotte von Helgoland Besitz. 1893 wurde der Kaiser zu einem der ersten Leser von Mahans „Influence of Sea-power upon History". Das Werk lag im Berliner Schloß und auf der „Hohenzollern" griffbereit neben Bett und Koje, seitenlang vermochte Wilhelm daraus zu zitieren und tat es häufig. Mahans Grundgedanke, daß nur Seemächte ihre politische und wirtschaftliche Entfaltung in der Geschichte durchgesetzt haben, durchzog das Trachten Wilhelms II., jedenfalls bis zum Ausbruch des Weltkrieges.

Von Helgoland aus fuhren „Hohenzollern" und „Irene" über Reval nach Kronstadt zu einem Besuch Alexanders III. Der Empfang war erschreckend kühl trotz der familiären Bande;

die Zarenmutter war eine hessische Prinzessin. Die Russen erblickten im Helgolandabkommen eine für sie gefährliche Annäherung Deutschlands an das britische Empire. Zweifellos hat der Kaiser das Gewicht dynastischer Verbindungen oft überschätzt, ihr Einfluß zwischen Herrscherhäusern trat im 20. Jahrhundert hinter die wirtschaftlichen und nationalpolitischen Interessen bis zur Bedeutungslosigkeit zurück.

Die Kaisermanöver des Jahres, zum ersten Male Heer und Marine im Verbund, wurden im Raum Nordschleswig abgehalten. Kampffeld waren die Düppler Schanzen von 1864. Der Gelände- und Ortssinn des Kaisers und sein scharfes Gedächtnis verblüfften das Manövergefolge. (Hopmann) Für Heinrich gingen die glücklichsten anderthalb Seefahrtsjahre seiner Laufbahn zu Ende. Es rührte ihn tief, als in Wilhelmshaven sein Kommandowimpel auf dem Kleinen Kreuzer „Irene“ niedergeholt wurde.

1891/92 war er Kommandeur der I. Matrosendivision, was seinem Dienstgrad als Kapitän z. S. gerecht wurde, den Seemann eher langweilte. So fiel die Beurteilung des Kommandierenden Admirals, Frhr. v. d. Goltz, geteilt aus: „Hochderselbe (hat) die ihm unterstellten Offiziere und Mannschaften zu besonderen Leistungen anzuspornen gewußt, wenngleich Höchstderselbe sich nicht überall in Bezug auf das Vorführen der Matrosendivision im Infantriedienst innerhalb derjenigen Grenzen gehalten hat, welche das Infantrie-Exerzierreglement für Ew. Majestät Marine vorschreibt.“

Uneingeschränkt positiv war noch v. d. Goltzens Urteil über Heinrichs Bordzeit auf der „Irene“ ausgefallen: „Höchstderselbe hat sich nach jeder Richtung hin Seiner Dienststellung gewachsen gezeigt... Seine Kgl. H. besitzt eine besonders gute natürliche Begabung für den praktischen Theil des Seedienstes, einen sicheren seemännischen Blick, große Selbständigkeit und schnellen Entschluß.“ Der Kaiser schrieb seinem

Bruder: „Überall haben Euer Kgl. Hoheit unter oft schwierigen Verhältnissen die gestellten Aufgaben zu Meiner vollen Zufriedenheit zu lösen verstanden." (B/M)

Der Kaiser schickte seinen Bruder gelegentlich nach Friedrichsruh, um beim Altreichskanzler gut Wetter für die Forderungen der Marine zu machen. Bekannt ist das Bild, auf dem Bismarck bei seinem letzten Besuch in Berlin, auf den Prinzen Heinrich gestützt, der ihn am Bahnhof abgeholt hatte, die Front abschreitet. Wilhelm wich dem politischen Gespräch mit dem Fürsten aus, das letzte dauerte nur zwei Minuten, weil Heinrich, wohl verabredungsgemäß, hinzutrat. Die äußerliche Aussöhnung wurde mit einer Umarmung zwischen dem Kaiser und dem Diener seines Großvaters besiegelt. Prinz Heinrich standen die Tränen in den Augen. (Bunsen)

Bei einem Besuch des Zaren in Kiel überschritten die Absperrungen aus Furcht vor einem Attentat jedes Maß. Während der Flottenparade auf der Förde, die Alexander III. auf seiner Yacht „Starina Polarnja" (Polarstern) abnahm, fühlte er sich sicher. Blaß wurde er, als er bei einem Ausflug zur Eiderschleuse hinaufblickte und die vielen Schaulustigen sah. Prinz Heinrich löste die Spannung: „Na Kinder, bitte nicht runterspucken!"

Der Prinz war es, der 1894 bei den Trauerfeiern für den verhaßten, weil autokratischen Alexander III. den Kaiser vertreten mußte. Der deutsche Botschafter in St. Petersburg hatte der persönlichen Teilnahme des Kaisers wegen der russisch-französischen Annäherung widerraten. Prinz Heinrich überbrachte ein Handschreiben seines Bruders an den Nachfolger, Nikolaus II., der kurz darauf Heinrichs Schwägerin, die jüngere Schwester Prinzessin Irenes ehelichte. Bei der Krönung in Moskau wurde Heinrich Zeuge, wie eine große Zahl von Menschen in einer Panik beim Verteilen kaiserlicher Geschenke auf dem Chodynkafelde zu Tode getrampelt wurden. Der Kaiser hatte sich bei „Nicky“ dagegen verwahrt, daß sein Bruder im Protokoll hinter Großherzögen aus dem Reich zurückstehen sollte: „Dies ist natürlich ausgeschlossen. Mein Haus als das regierende in Deutschland kommt zuerst, und die zu ihm gehörigen Prinzen rangieren vor den regierenden Fürsten in Deutschland.“

Die nächsten Jahre sahen Heinrich als Kommandanten auf dem Küstenpanzerschiff „Beowulf“ (3) und den Linienschiffen „Sachsen“ (30) und „Wörth“ (36). Hier stand er in der Zucht des Geschwaders. Seine Manövrierkunst genoß einen hohen Ruf. Ohne Schlepper und Leinen bugsierte er die „Wörth“ ins Dock der Kaiserlichen Werft, Havarien hat er in seiner langen Seefahrtszeit nie zu verzeichnen gehabt. 1895 trat der nach ihm benannte Reichspostdampfer „Prinz Heinrich“ die erste Ostasienreise an. Der Kaiser beförderte seinen Bruder zum Konteradmiral und beurlaubte ihn für ein Jahr; vermutlich war bei diesem spontanen Avancement keine Planstelle frei.

Schon vorher hatte v. d. Goltz eine Beurlaubung über Winter empfohlen wegen einer „nach so langer Kommandothätigkeit nur natürlichen Abspannung“. Überall hatte Heinrich innerhalb und außerhalb der Marine präsent zu sein, ruhelos verfügte der Kaiser immer neue Kommandierungen. V. d. Goltz machte 1892 Bedenken geltend: „Es wäre zu wünschen, daß S.Kgl.H. einmal eine Ausbildungsperiode in der Flotte ohne Unterbrechungen durch Detachierung Seines Schiffes durchmachte, damit Höchstderselbe die hier zu leistende Arbeit im Zusammenhang kennen lernt und so vor der nicht zu unterschätzenden Gefahr einer oberflächlichen Beurteilung der einschlagenden Verhältnisse bewahrt wird.“ (B/M) Heinrichs Kommandantenzeit auf der „Sachsen“ würdigte v. d. Goltz dagegen sehr positiv, worauf der Kaiser Heinrich beglückwünschte: „Ich erblicke in dieser lobenden Hervorhebung ein neues Zeichen für das unermüdliche Streben Eurer

Königlichen Hoheit Sich auf die hohen Aufgaben vorzubereiten, für welche ich Sie in Meiner Marine berufen ansehe!" Beim Abschied von der „Wörth" ließ Heinrich Photos mit eigenhändiger Unterschrift verteilen. Fünfhundertmal mußte er den Namenszug in der ihm eigenen, leicht nach links geneigten Steilschrift ausführen.

Das Prinzenpaar nutzte die Zeit zu ausgedehnten Ferien in Italien. Begleitet wurde es von Fregattenkapitän Georg Alexander Müller, dem späteren Chef des Marinekabinetts, der zu dieser Zeit Heinrichs Adjutant war. Die Reise ging über Rom und Neapel nach Malta. Im Militärclub La Valettas war die berüchtigte Krügerdepesche des Kaisers ans schwarze Brett geschlagen. Prinz Heinrich geriet außer sich über deren Inhalt, so viel kritischen Sinn hatte er sich bewahrt, war auch verbittert über den ihm zugedachten Affront. Die Mittelmeerreise wurde abgebrochen, weil das Gut Hemmelmark bei Eckernförde zum Verkauf stand.

Heinrich erwarb den Besitz von Clemens v. Wasner, kaufte 1902 den Meierhof Louisenberg hinzu und ließ ein neues Haus in englischem Cottagestil errichten. Das Areal umfaßte 500 ha, davon 60 ha Wald, und grenzte an die Ostsee. Ausgrabungen auf dem Gelände förderten Steinzeitgräber zutage, in der Nähe eines Hünengrabes ließ Heinrich ein Mausoleum für seinen mit vier Jahren verstorbenen jüngsten Sohn erbauen. (Oldekop)

Im Jahr des Erwerbs von Hemmelmark gebar Prinzessin Irene ihren zweiten Sohn, Sigismund. Sigismund wurde bei Kriegsausbruch Zivilordonnanz seines Vaters. Da die friedensmäßige Kadettenausbildung abgeschafft war, meldete er sich als Kriegsfreiwilliger; der Vater nahm ihm den Eid ab auf den Säbel des Prinzen Adalbert, der von 1849 bis 1871 Chef des Oberkommandos der preußischen Marine war. Als Wachoffizier auf einem U-Boot nahm Sigismund an einem einzigartigen Gefecht teil. U 35 manövrierte nördlich der Otranto-

Straße nicht weniger als vier Torpedos eines britischen Unterseebootes aus. Sie waren aus 40 m abgefeuert, ein Torpedo sprang zwischen Turm und Geschütz über das Boot hinweg. Prinz Sigismund verstarb 1979 als Besitzer einer Plantage in Costa Rica.

Im Jahr seines Beurlaubtenstandes gehörte Prinz Heinrich oft zur Begleitung des Kaisers, der sich selbst nicht sehr häufig in Berlin aufhielt. Während eines Besuches der Brüder bei Friedrich Alfred Krupp in der Villa Hügel erreichte den Kaiser die Nachricht, Bismarck habe den bisher geheimen Inhalt des Rückversicherungsvertrages veröffentlichen lassen. Nach der Bekundung Müllers soll Wilhelm II. in der ersten Erregung die Verhaftung des Fürsten Bismarck wegen Landesverrats befohlen haben, was dann doch unterblieb. (Görlitz)

1897 wurde Prinz Heinrich mit 35 Jahren Befehlshaber. Ihm unterstanden als Chef der II. Division des I. Geschwaders vier Panzerschiffe und der Aviso „Wacht“ (35). Sein Flaggkapitän Müller verfaßte für den Prinzen eine Denkschrift, die die Fähigkeit zu politischem Urteil im Befehlshaber wecken sollte. Im Memorandum warnte Müller vor einem Erstarken Rußlands und mahnte zugleich zur Verständigung mit England.

In Ostasien

Kiautschou war Sitz der deutschen katholischen Mission, die dem Bischof von Schantung, v. Anzer, unterstand. Die Gerichtsbarkeit über christianisierte Chinesen wurde von den europäischen Konsulaten ausgeübt. In Chufou, der Geburtsstadt Konfutses, einem chinesischen Weiheort, wurden am Allerheiligenfest 1897 zwei deutsche Missionare ermordet. Ein dritter, der entkam, versicherte, daß es sich bei den Tätern nicht um Räuber gehandelt habe. Gerade diese Missionsstätte hatte Bischof v. Anzer gegen starken Widerstand der einheimischen Bevölkerung errichtet.

Der Kaiser erteilte dem Chef der Kreuzerdivision in Ostasien, Konteradmiral Diederichs, Befehl, von der Kiautschou-Bucht Besitz zu ergreifen. Die Aktion war schon lange vor dem Mord durch Erkundungen von Tirpitz' als Chef des Ostasiengeschwaders vorbereitet worden. Dem chinesischen Befehlshaber in Tsingtau wurde ein Ultimatum gestellt, binnen drei Stunden die Bucht zu räumen. Er wich der Gewalt. Für Diederichs konnte sich die Lage auch seitens der europäischen Geschwader ins Bedrohliche wenden. England hatte sich beharrlich deutschen Wünschen nach einer eigenen Kohlestation in Ostasien verschlossen, in Teilen der russischen Marine pochte man auf den fragwürdigen droit du premier mouillage. Zwar hatten die Russen als erste in der Bucht geankert, aber keinerlei Gefallen an der Region bekundet.

Auf Vorschlag des Reichskanzlers Fürst Hohenlohe-Schillingsfürst wurde Prinz Heinrich, der am Vortrag des Kanzlers beim Kaiser teilnahm, mit einem improvisierten Verband nach Ostasien geschickt. Heinrich war wie über jede Aufgabe, die ihm der Kaiser stellte, hoch erfreut, auch wenn sich sein Bruder bei ihm entschuldigen mußte, daß er ihm kein besseres Flaggschiff als den Kreuzer „Deutschland" (10) bereitstellen konnte. Die „Deutschland" war 1874 in London gebaut, ein Einschraubenschiff von enormem Kohlenverbrauch, das auf der Überfahrt zeitweilig von der begleitenden „Gerion" (13) ins Schlepp genommen werden mußte.

In diesem Jahr 1897 feierte der Wilhelminismus seine Urständ. Am hundertsten Geburtstag seines Großvaters versuchte der Kaiser, diesen als „Wilhelm der Große" in die Geschichte eingehen zu lassen, ein hartnäckig verfolgtes, aber vergebliches Bemühen. Schlimmer waren die Ansprachen, die im Kieler Schloß vor dem Auslaufen Heinrichs nach Ostasien gehalten wurden. Vom „Lorbeer um die jugendliche Stirn" des Prinzen war die Rede. Wilhelm sagte: „Es ist Meine Pflicht, der neuen deutschen Hansa zu folgen und ihr den Schutz angedeihen zu lassen, den sie vom Reich und vom Kaiser verlangen kann ... Reichsgewalt bedeutet Seegewalt ... Nun fahre drein mit gepanzerter Faust!"

Heinrichs Antwort fiel womöglich noch peinlicher aus: „Mich lockt nicht Ruhm, mich lockt nicht Lorbeer, mich zieht nur eines, das Evangelium Eurer Majestät geheiligter Person im Ausland zu künden, zu predigen jedem, der es hören will, auch denen, die es nicht hören wollen." Umstritten ist, ob diese Worte Heinrich vom Kaiser eingegeben waren. Vergeblich bemühte sich der Staatssekretär des Auswärtigen, Bernhard v. Bülow, die brüderlichen Entgleisungen vor der Veröffentlichung zu bewahren. Die Kaiserin Friedrich schrieb an Frau v. Bülow: „Henry is such a dear boy, but his speech was very foolish." Heinrich ahnte, daß der Kaiser am liebsten selbst nach Ostasien ausgelaufen wäre. Seine Rede hatte begonnen: „Euer Majestät haben die große Entsagung gehabt, mir dieses Kommando anzuvertrauen."

Zum Auslaufen schickte der Allgemeine Plattdeutsche Verband einen Abschiedsgruß:

„Wenn't Vaderland röppt, denn gew ick fort
Den eenzigen Broder! Son Kaiserwurt
Un sone Daht ded uns not!
So help di God dörch Bülgen un Brus!
Wi stahn mit uns leew Kaiserhus
Tosamen bet in den Dod."

Heinrichs Antwort war vom Platt Fritz Reuters gefärbt:

Wenn't Hochdütsch up See nich mihr dauhn will,
Mutt't Plattdütsch ran, denn is't Kinnerspill!
Dank für fründlichen Glückwunsch.

Dem Kaiser schmeichelte ein Telegramm des polnischen Erzbischofs von Posen-Gnesen, v. Stablewski: „Im Augenblicke, in welchem Ew. Majestät im Begriffe stehen, dem einzigen Bruder Lebewohl zu sagen, drängt es mich, zu versichern, daß meine Gebete den fürstlichen Seefahrer begleiten, auf daß das christliche Kreuz im fernen Osten sicheren Schutz und Förderung finden möge."

An Zar Nikolaus schrieb der Kaiser: „Der heilige Michael und der heilige Georg stehen nun beide, das Kreuz schirmend, an der Eingangspforte Chinas." Rußland hatte Port Arthur besetzt. Beim Passieren von Ceylon baten zwei russische Linienschiffe den Prinzen, sich seinem Verbande nach Singapur anschließen zu dürfen, eine kleine vorübergehende antienglische Demonstration.

In Hongkong traf Heinrich mit dem britischen Geschwaderchef Sir Edward Seymour zusammen, der später mit Hilfe auch eines deutschen Kontingents – „The Germans to the front!" – den Boxeraufstand bekämpfte. Noch 1897 pachtete das Deutsche Reich für 99 Jahre von China 500 qkm um die Bucht von Kiautschou, erklärte den Erwerb zum Schutzgebiet, das der Marineverwaltung unterstellt wurde. Tsingtau entwickelte sich zum wichtigen Hafen, bis 1914 geschützt vom III. Seebataillon.

Prinzessin Irene war von der Kommandierung des Gatten nach Ostasien wenig beglückt, nicht nur Geheimrat Holstein, auch die Marine raunte, wie das Paar die lange Trennung wohl ertragen würde. Das Rätsel löste sich, als die Prinzessin für vier Monate beim Geschwader auftauchte und sich mit ihrer Hofdame auf dem Flaggschiff einquartierte. Sobald ein Hafen angelaufen wurde, ließ sie sich an Land unterbringen und zeigte sich auch mit schlichter Unterkunft zufrieden. Sie war von Natur etwas schüchtern, aber überall sehr beliebt. Endlich konnte sie ihrer Leidenschaft, dem Radfahren, frönen, das ihr der Kaiser in Deutschland untersagt hatte.

Während einer zweimonatigen Werftliegezeit der „Deutschland" wohnten Heinrich und Irene in der Villa eines deutschen Handelsherrn, der mit einer Chinesin zusammenlebte und mehrere Kinder mit ihr hatte. Heinrich trug keine Bedenken, seinen Gastgeber, die Dame und ihre eurasischen Töchter an Bord einzuladen. Ein Leutnant fing Feuer und meldete dem Ersten Offizier am Tage nach dem Auslaufen die Verlobung mit der Tochter der Chinesin und bat, das Ereignis anzeigen zu dürfen. Auf Vorhalt, ein aktiver deutscher Offizier könne eine solche junge Dame, ohne den Abschied zu nehmen, wohl kaum ehelichen, meldete der Leutnant: „Der Herr Admiral (Prinz Heinrich, d. Verf.), mit dem ich bereits Rücksprache genommen habe, hat mir versprochen, die Angelegenheit zu ordnen." Heinrich machte sich ein Vergnügen daraus, über Konventionen hinwegzusehen. Er erteilte den Heiratskonsens, und statt verabschiedet zu werden, hat der junge Offizier in der Marine sogar Karriere gemacht. (Persius)

Heinrichs Stabschef, Fregattenkapitän Müller, in der Marine der Tugendwächter, später auch Rasputin genannt, war dem Prinzen immer noch Mentor genug, um weiteren Verkehr mit dem Kaufmann zu unterbinden. 1900 adelte ihn der Kaiser und ließ ihn nach sechs Jahren zum Chef des Marinekabinetts aufsteigen. In dieser Stellung, die er gegen vielfache Anfeindungen aus dem Seeoffizierkorps zwölf lange Jahre behauptete, hat er als Sprachrohr des Kaisers, oft war er der Einflüsternde, starke Wirkung ausgeübt. Prinz Heinrich hielt immer zu ihm, nicht ahnend, daß v. Müller beim Kaiser mehrfach gegen den Prinzadmiral Stellung bezogen hat.

Fürst v. Bülow nennt die Berichte, die Heinrich seinem Bruder aus Ostasien schickte, sehr verständig. In der Bekohlung der Schiffe unabhängig von England zu werden, bedeutete für das Ostasiengeschwader eine Errungenschaft. Der Prinz schrieb über die Schantungkohle an den Kaiser: „Einige Tonnen chinesischer Kohle, die ich aus dem oft besprochenen Kohlengebiet probeweise erhielt und mit denen ich Parallelversuche gemacht habe gegenüber englischer Kohle, haben zu einem überraschend günstigen Resultat geführt." Heinrichs praktische Ader, überall im stillen nach Verbesserungen zu suchen, hebt ihn wohltuend ab von manchen Flaggoffizieren, die in sinnfälligeren Erfolgen Glanz suchten. Seinem Bruder gönnte er allen Glanz.

Bei v. Bülow bedankte sich Heinrich, daß der Staatssekretär

seinem Vorschlag entsprochen und den Generalkonsul in Shanghai zum Gesandten in Peking berufen hatte. In diesem Brief äußerte sich der Prinz auch über seine Einschätzung der Engländer und der Chinesen: „Das Verhältnis zu den Engländern ist gut und auf gegenseitigen Sympathien beruhend; mit den Leuten ist viel zu machen, wenn man sie richtig zu nehmen und zu behandeln versteht, ein Zusammengehen mit ihnen ist beiderseitig erwünscht, weil in beiderseitigem Interesse... Man mag über China und die Chinesen denken, wie man will, man steht einem dreitausend Jahre alten Kulturvolk gegenüber, das noch wenig oder gar nicht von europäischer Kultur beeinflußt worden ist und bei welchem gelegentlich der Verhandlungen wohl zu überlegen ist, wann der Augenblick des Brüskierens und wann der der Milde und des Nachgebens am Platze ist." Das klingt anders als der Ton des Kaisers gegen die Chinesen: „Pardon wird nicht gegeben, Gefangene werden nicht gemacht. Führt die Waffen so, daß auf tausend Jahre hinaus kein Chinese mehr es wagt, einen Deutschen scheel anzusehen."

Vergeblich hat v. Bülow versucht, dem Kaiser die fixe Idee von der „gelben Gefahr" auszureden und das den Ostasienlinien aufgedrängte Plakatbild „Völker Europas wahrt Eure heiligsten Güter" aus den Salons der Passagierdampfer entfernen zu lassen. Er führte dabei einen Brief des Prinzen ins Feld, in dem es hieß: „Japan will als Großmacht behandelt und angesehen werden, und kann ich nur hinzufügen, daß es hierzu ein volles Recht hat... Sich mit dieser Macht gut zu stellen, heißt eine politische Klugheit begehen." Der Prinz bekennt abschließend: „Ich bin nach wie vor gern in meiner Stellung, die mir so unendlich viel Interessantes bietet, worin ich die Kompensation erblicke für die lange Trennung von der Heimat und den Meinen. Andererseits erblicke ich in diesem Opfer meine Pflicht und meinen Stolz als Seeoffizier." Wilhelm ließ sich von Heinrichs realer Einschätzung nicht abbringen, an einem „Kreuzzug“ der Weißen gegen die Gelben festzuhalten.

Die Vorschußlorbeeren, vom Bruder dargereicht, sind Heinrich in Ostasien nicht erblüht; während seiner Dienstzeit dort blieben Kampfhandlungen seiner Schiffe aus. Als der deutsche Gesandte in Peking, Klemens Frhr. v. Ketteler, ermordet wurde und der Kaiser den Feldmarschall Graf Waldersee mit dem Chinafeldzug beauftragte, befand sich Heinrich bereits wieder in Deutschland. Ihm war nur verblieben, Port Arthur, Wladiwostok und die desolate Dynastie in Korea zu besuchen, sich in Bangkok vom kultivierten Hof des Königreichs Siam und in Tokio vom aufsteigenden Stern Japans imponieren zu lassen.

Furore bei den fernöstlichen Missionen machte Heinrichs Besuch am chinesischen Kaiserhof in Peking, war doch vor ihm noch kein Potentat oder Prinz aus Europa dort empfangen worden. Das gewagte Experiment wurde für Heinrich zum glänzenden Erfolg; nicht zu einer Privataudienz, sondern zu einer Staatsvisite, die das Reich seines Bruders darstellen sollte, brach er in der Sänfte auf. Mit dem Besuch der sich gegen alles Fremde verschließenden Kaiserwitwe im Wanschauschan-Palast wurde ein Tabu gebrochen, immerhin schenkte sie ihm von eigener Hand bemalte Fächer. Noch mehr Aufsehen erregte die überraschend ungezwungene Haltung des jungen Kaisers Kwang-hsu bei den Mandarinen. Im Herzen heimlich schon Europa zugewandt, erwartete Kwang den Prinzen stehend, statt des üblichen Kotau gab es einen Händedruck. Heinrich überreichte einen hohen Orden und Geschenke. Anschließend präsentierte er dem Gastgeber vor einem Tempel die Ehrenwache des Seebataillons. Es wurden preußische Gewehrgriffe vorgeführt. Als der Prinz das Laden und Sichern mit Übungspatronen zeigen lassen wollte, meldete ihm der

Zugführer: „Geht nicht, Königliche Hoheit, scharf geladen!" Der Admiral unterdrückte einen Anpfiff, denn die Feindseligkeit eines Teiles der Bevölkerung war nicht zu übersehen. Nach dem Abrücken des Kontingents billigte er die Maßnahme des Offiziers ausdrücklich (Raeder).

Johann Meyer hatte in der Nordostseezeitung gedichtet:

Se hebbt ja mit dat Wunner sehn,
Wovun de ganze Welt hett redt –
Wat nerst to'm nersten Mal gescheh'n
Mit de chine'sche Majestät –
Dat Du bi'n Gott to Gast büst we'n
und mit em eten ut een Putt.

Über jeden Schritt des Prinzen verbreitete sich die Hofberichterstattung des „Ostasiatischen Lloyd" in Shanghai. So meldete er die aktive Teilnahme Heinrichs an einem Radrennen des Hongkong-Clubs. Auf der ersten Fahrt siegte der Prinz, bei der zweiten stürzte er durch einen Rahmenbruch des Bicycles, ohne Aufhebens davon zu machen.

Im Frühjahr 1899 hatte Prinz Heinrich aus der Hand von Diederichs, der Chef des Admiralstabs wurde, das gesamte Ostasiengeschwader übernommen. Er war sich seiner Verantwortung bewußt. In einem Kriegsspiel des Geschwaderstabes wurde untersucht, was zu geschehen habe, wenn der Verband überraschend in einen Konfliktfall mit den auch in Ostasien überlegenen Engländern geriete. Es ging aber auch freundschaftlich zu. In Hongkong stieß der Prinz am Fallreep der „Deutschland" auf englische Matrosen und fragte sie, obwohl auf deren Mützenband „H.M.S. Powerfull" zu lesen stand, nach ihrem Kommando. „S.M.S. Deutschland, Königliche Hoheit!" – „Und die Uniform mit dem Mützenband?" – „Auf Befehl des I.O. von den Lords entliehen." Heinrich hatte sich über die englische Marinebekleidung geäußert: „Nun sehen Sie diese famosen Kerls, wie chic sie angezogen sind, wie exquisit sie sich halten. Unsere deutschen Matrosen sehen immer plump aus. Unsere ganze Uniform ist unschön, geschmacklos." Der I.O. hatte wochenlang nichts zu lachen, obwohl der Prinz sonst Spaß verstand.

Im Juli schrieb er an seinen Bruder: „Mein lieber Wilhelm, die letzte Woche habe ich in dem gastlichen Japan zugebracht und kann nicht genügend hervorheben, wie äußerst entgegenkommend man hier gegen mich und unsere Offiziere gewesen ist... Mit den besten Wünschen für Dich und die Deinen und Dir Gottes Segen wünschend verbleibe ich immer und ewig Dein Dich innigst liebender und Dir treu gehorsamster Bruder Heinrich." Nicht immer fielen die Schlußformeln so schwülstig aus.

Zu Beginn des Jahres 1900 trat er, wie erwähnt, auf einem Postdampfer die Heimreise an; zur Fahrt mit der klapperigen „Deutschland" fehlte ihm die Geduld. Prinzessin Irene hatte über die Nachricht von der Heimreise gejubelt, wenngleich ein Brief von ihr an den Chef des Marinekabinetts (vgl. Faksimile) Zweifel andeutet, ob die Ablösung auf „Mißverständnisse zwischen S.K.H. und S.M. zurückgehen könne (B/M). Sowohl bei den britischen Admiralen auf Gibraltar wie bei einem Besuch der Queen begegnete er einer spürbaren Reserviertheit, noch immer hatte er für das Wort seines Bruders von der „gepanzerten Faust" zu büßen.

Zu Hause empfing Heinrich Wohlwollen, er wurde zum Vizeadmiral befördert. Der Kaiser erwartete ihn mit großem Gefolge am Anhalter Bahnhof, in offener Equipage ging die Fahrt durch Berlin zum Schloß, die Kinder hatten schulfrei. In Kiel empfingen ihn der Oberpräsident und die Spitzen der Provinz zu einem Festumzug der Bürgerschaft mit großem Feuerwerk, auch in Hamburg wurde ihm gehuldigt. Heinrich

d. 25. Okt. 1885. **28**

Lieber Herr von [illegible]

Ich habe mich unendlich auf Ihren Bericht hin, erfreut zu hören, daß der Prinz im Januar die Heimreise antreten soll — trotzdem bin ich sehr erstaunt und hoffe nur, daß dort nichts Unvorhergesehenes geschehen ist.?

Hoffentlich ist als Erklärung irgend eine [illegible] Angabe dem Sr. Majestät beigegeben worden?

ließ dies alles bescheiden über sich ergehen, die Rolle des Triumphators lag ihm nicht.

Als der Prinz in Eckernförde auf einem Anleger seine Gig erwartete, drängten die neugierigen Menschenmassen einen Jungen über das Brückengeländer hinaus. Der Prinz riß sich den Uniformrock vom Leibe, sprang von der Brüstung und rettete das Kind vor dem Ertrinken. Nach dem Kaisermanöver schwärmte Wilhelm von den Leistungen seiner Marine, besonders von denen des Prinzen Heinrich. Diesem war die Aufgabe gestellt, mit dem Kleinen Kreuzer „Irene" und Torpedobooten den durch Scheiben markierten Gegner zu erkunden und die Signale dieses Verbandes dem Chef der Manöverflotte zu melden. Prinz Albrecht v. Preußen ließ sich zum Feldmarschall Graf Moltke, der die Schiffsbewegungen beobachtete, süffisant vernehmen: „Prinz Heinrich ist sehr stolz, die erste Nachricht über den Feind gebracht zu haben." Der Tugendwächter von Müller entrüstet sich in seinem Tagebuch, daß der Kaiser auf der „Hohenzollern", statt ernsthaft das Manöver zu resümieren, Anekdoten, sogar solche zweifelhafter Art, zum besten gegeben habe (Görlitz). 1901 hatte sich Eduard VII. zu seiner Krönung den Besuch des Kronprinzen als Vertreter des Kaisers gewünscht. Augusta Victoria erhob Einspruch. Sie fürchtete, ihr ältester Sohn würde sich in London schlecht benehmen. So schickte Wilhelm seinen Bruder Heinrich. Nicht nach Sheerness, wo er zunächst erwartet wurde, dampfte Heinrich, sondern direkt zur Flottenparade nach Spithead, die durch sein verfrühtes Erscheinen durcheinandergeriet. Bei den Feierlichkeiten wurde Heinrich, da nicht Thronfolger, durch das Protokoll in die zweite Reihe verwiesen. Vom Kaiser wurde das übel vermerkt (Balfour). Wilhelm II. besaß gegen seinen Onkel Eduard eine tiefe Abneigung, die dieser erwiderte. Der oft martialische Preuße und der eher zivile Lebemann schlossen einander aus. Eduard VII. äußerte sich zum französischen

Außenminister über seinen Neffen: „Da seine Feigheit noch größer ist als seine Eitelkeit... wird er den Krieg entfesseln, nicht aus eigener Initiative, nicht in kriegerischem Elan, sondern aus Schwäche.“ Dennoch strebten Eduard VII. und seine Regierung 1901 ein Bündnis mit dem Deutschen Reich an. Der Kaiser war den Annäherungswünschen gewogen, aber der Reichskanzler v. Bülow und Geheimrat v. Holstein reagierten mehr als abwartend, so daß die Verhandlungen versandeten.

Die Personalakte des Prinzen (B/M) ist gespickt mit Urlaubsgesuchen, meist für 45 Tage. Der Kaiser befand wie schon seine Vorfahren über jede Aufenthaltsveränderung seines Bruders und aller königlichen Prinzen. Als Heinrich im August 1900 gar einen halbjährigen Nachurlaub mit Gebührnissen beantragte, lehnte der Kaiser dieses Ansinnen schroff ab. Es spricht für die Etatgründlichkeit jener Zeit, daß um Dienstbezüge und Tafelgelder lange Korrespondenzen zwischen Heinrichs Hofmarschall und dem Marinekabinett geführt wurden.

Bereits der alte Kaiser hatte für die Begleitung des Prinzen auf der „Olga“ einen Zuschuß von 24000 Mark aus der königlichen Kronfideikommißkasse bewilligt, weil im Marinehaushalt keine Mittel dafür verfügbar waren. Zur Kieler Hofhaltung empfing der Prinz 30000 Mark jährlich aus der Kronkasse. Als Holtzendorff 1909 in die etatsmäßige Admiralstelle eines Flottenchefs aufrückte, entfiel für Heinrich mangels Planstelle zunächst das Gehalt eines Generalinspekteurs in Höhe von jährlich 34000 Mark. Der Kabinettchef schlug Tirpitz eine Dienstaufwandsentschädigung aus dem allerhöchsten Dispositionsfonds vor. Zum ersten Male tauchte die Überlegung einer Pensionierung des Prinzen auf.

Heinrichs Kommandierungen haftete, wie angedeutet, etwas Unstetes an. Bevor noch eine Dienststellung richtig ausgefüllt war, sann der Kaiser auf ein neues Kommando, um sich über alle Schauplätze durch den Bruder unterrichten zu lassen. In einem Brief an Heinrich begründet Wilhelm seine Absichten ganz offen. Diesmal sollte der Prinz sich ein Vierteljahr im Reichsmarineamt umsehen. „Ich hoffe auch, daß E.K.H. schon im Laufe des Winters nach einem Einblick in diese Arbeiten in der Lage sein werden, Mir über die eine oder andere der schwebenden Fragen, in welcher die persönliche Erfahrung E.K.H. das Wort giebt, Vortrag zu erstatten" (B/M). Er bietet Heinrich an, sich dort frei zu bewegen und die interessierenden Themen selbst zu bestimmen.

Schon Bismarck hatte sich gegen das einseitige Aufgehen Heinrichs in der Marine ausgesprochen. Dem Kommandierenden Admiral, Frhrn. v. d. Goltz, hielt er vor, daß Prinz Heinrich der einzige sei, der den Kaiser im Krankheitsfall vertreten könne. Der Kronprinz war noch minderjährig. Heinrich könne daher nicht für längere Zeit in See gehen, das Staatsinteresse stehe über Ausbildungswünschen.

Zögernd wagte der Prinz, dem Kaiser gegenüber eigene Ansichten zu außern. Er verteidigte die Führungstaktik Admiral v. Koesters; in der ersten Gefechtsphase müßten die Verbände fest in der Hand des Flottenchefs bleiben, im weiteren Verlauf könne sich dic Führung zum Teil auf die Geschwaderchefs verlagern. Heinrich empfahl seinem Bruder, v. Koester solange wie möglich in seiner Stellung als Flottenchef zu belassen: „Offiziell bin ich Dir gegenüber zu solcher Empfehlung nicht berechtigt, privatim hast Du mir des Öfteren erlaubt, meine Ansichten auch über Personen auszusprechen." Admiral v. Koester beurteilte den Prinzen kritischer. Zwar habe S.K.H. die Mängel der Vorgänger in der taktischen Ausbildung des I. Geschwaders aufgeholt, „eine gewisse Neigung zur Empfindlichkeit machte sich in der ersten Hälfte der Flottenübungen geltend und gereichte dem Allerhöchsten Dienste nicht zu Nutzen" (B/M).

Aufbau der Flotte

Am Werk von Tirpitz, wie immer man es beurteilen mag, hat Prinz Heinrich nach außen hin kaum Anteil gehabt, sicherlich aber hat der Kaiser seinen Bruder auf den Stationen der Flottennovellen zu Rate gezogen. Der folgende Abschnitt, der sich neben den Bauprogrammen auch mit dem Wandel der Kommandostruktur der Marine befaßt, kann zur Biographie des Prinzen nur wenig beisteuern, ist jedoch zum Verständnis von Heinrichs Rolle im Gesamtgefüge der Marine unerläßlich.

„Tirpitz, das war in den Augen der Zeitgenossen vor 1914 jener Mann, der am ehesten das Bismarcksche Erbe zu mehren, sein Charisma übernehmen zu können schien; Tirpitz, das war der dem Kaiser verschworene Technokrat, der Superminister des Wilhelminismus, dessen Leitstern die Vision von der deutschen Welt- und Seegeltung war" (Salewski). 16jährig, mit Sekundareife, wurde Alfred Tirpitz 1865 Kadett in der Königlich Preußischen Marine. Von seinen Jahrgangskameraden hob ihn heraus, daß er einen entwickelten Sinn für alles Technische besaß und energiegeladen war. Als dem jungen Kapitänleutnant der Aufbau des Torpedowesens übertragen wurde, schien die Zukunft der Marine bei den kleinen Booten der Torpedowaffe zu liegen. Innerhalb von zwölf Jahren machte Tirpitz seine Torpedobootflottillen zu den schlagkräftigsten aller Seemächte. Graf Monts jedoch, der neue Chef der Admiralität, hielt wenig von ihrer Wirksamkeit, so daß der Inspekteur des Torpedowesens resignierte und nach kurzen Kommandantenjahren auf Panzerschiffen Chef des Stabes der Marinestation der Ostsee wurde.

Solange Admiral Hollmann Staatssekretär im Reichsmarineamt war, wurde baupolitisch nur experimentiert, es fehlte dem Reichstag gegenüber an einer Konzeption für die Aufgabenstellung der Marine. Der Kaiser wollte Schiffe haben für den Küstenschutz, aber auch Schlachtschiffe und schließlich noch eine möglichst große Anzahl von Kreuzern, mit denen sich in Übersee Flagge zeigen ließe. Tirpitz legte seine Ansichten in einer Reihe von Denkschriften dem Stationschef Knorr dar. In der einen forderte er eine Stärkung des Oberkommandos, in einer anderen entwickelte er die Seetaktik und die Ausbildungspläne. Seine Sternstunde kam, als der Kaiser 1891 im Kieler Schloß die Spitzen der Marine um sich versammelte, um zu erfahren, wie sich die Flaggoffiziere die Zukunft dächten. Die Vorschläge widersprachen einander und befriedigten nicht. Dem Fazit Wilhelms II. „Die Schweinerei muß eine andere werden" wäre nichts hinzuzufügen gewesen, wenn Knorr nicht gebeten hätte, Tirpitz aus seinen Denkschriften vortragen zu lassen. Beim Kaiser hinterließen die klaren Ausführungen und die Kraft der Persönlichkeit ihres Urhebers einen so starken Eindruck, daß Tirpitz vor dem Geschick bewahrt wurde, seine Marinetage als Oberwerftdirektor zu beenden. Er wurde Chef des Stabes im Oberkommando. Von hier aus erfüllte der beste Kopf der Marine, als der er weithin anerkannt wurde, das Seeoffizierkorps mit einem neuen offensiven Geist, hier reiften die Flottenbaupläne.

Hatte Tirpitz dem Reichsmarineamt zugunsten des Oberkommandos Kompetenzen abgetrotzt, so verfuhr er umgekehrt, als er nach kurzem Kommando des Ostasiengeschwaders anstelle des gescheiterten Hollmann zum Staatssekretär im Reichsmarineamt berufen wurde. Hollmann waren vom Reichstag maßlose Forderungen nach Kreuzern verweigert worden, der Kaiser begann, sich auf das Schlachtschiffbauprogramm von Tirpitz umzustellen, und erteilte ihm weitreichende Vollmachten. Wilhelms Dilettantismus, vor dem ihn Heinrich hätte warnen können, wirkte aber auch lähmend. Mit immer neuen eigenen Entwürfen von Kriegsschifftypen strapazierte er höchst überflüssig die Arbeitskräfte im Konstruktionsbüro des Reichsmarineamtes.

Tirpitz erwirkte die Auflösung des Oberkommandos, der Kaiser sei jetzt sein eigener Kommandierender Admiral. Ein neu geschaffener Admiralstab blieb im Gegensatz zum Generalstab des Heeres ohne Befehlsgewalt, auch besaß er wenig Einfluß auf das strategische Denken. Tirpitz ließ sich von ihm in das Konstruktionsprogramm nicht hineinreden, die Kontinuierlichkeit im Admiralstab ließ zu wünschen übrig. Von 1897 bis 1916, Tirpitz' Amtszeit als Staatssekretär, gab es sechs Chefs des Admiralstabes mit sehr unterschiedlichen Auffassungen. Tirpitz hat es verstanden, „durch Zerschlagung des Oberkommandos der Marine in mehrere weitere Kommandobehörden seiner eigenen dienstlichen Position als Baumeister der Flotte das ausschlaggebende Gewicht im maritimen Ratgeberkreis des Kaisers zu verschaffen" (Benzino).

Die Reibereien in der Spitzengliederung bereiteten dem Prinzen Heinrich Sorgen. Er schrieb an Tirpitz: „Uns fehlt nach wie vor das verantwortliche Kommandoorgan, ohne welches wir m. E. auf die Dauer nicht werden existieren können. Der Loyalität der älteren Seeoffiziere ist es zuzuschreiben, daß Friktionen ernsthafter Natur vermieden wurden und hat der Schreiber dieser Zeilen das seinige im Stillen dazu beigetragen."

Zwei Jahre vorher hatte er an Tirpitz geschrieben: „Sie haben in Ihren verschiedenen Tätigkeiten bewiesen, daß der Schwerpunkt stets Ihrer Person folgte. So wird es auch ferner bleiben und besteht die Kunst darin, bei der Stellenbesetzung die richtigen Leute auszuwählen." Nun lagen die Stellenbesetzungen beim Marinekabinett, aber Heinrich vermutete richtig, daß auch dort nichts gegen die Intentionen des übermächtigen Tirpitz geschah.

Heinrich hat sich mehrfach besorgt gezeigt über die verworrene Kommandostruktur der Marine, war selbst bereit umzudenken. In einem Brief von ihm an den Chef des Marinekabinetts heißt es 1897: „Der Gedanke mit einem Chef des Admiralstabes und zwei bis drei selbständigen Oberkommandos (Stationen), wie ich annahm und vorschlug, ist es bei näherer Betrachtung ein Unding. Denn wir betreten den äußerst gefährlichen Weg der Friedensorganisation hiermit und entbehren eines Hauptes, dessen wir im Frieden wie im Kriege dringend bedürfen." (Vgl. Prinz Heinrichs Organisationsschema von 1890, als Faksimile S. 76 und S. 77.)

Reichskanzler v. Bethmann Hollweg, der die Engländer nicht provozieren wollte, hat verhindert, daß bei Kriegsausbruch Tirpitz diese Rolle des institutionellen Hauptes der Marine zufiel. Erst 1918 gab es unter v. Scheer mit der Seekriegsleitung ein unbehindertes Führungsinstrument der Marine.

Von 1888–1917 lag die Kommandogewalt nominell bei Wilhelm II. Seine Befehle an die Marine bedurften nicht der Gegenzeichnung des Kanzlers, sie hatten acht Empfänger mit dem Recht zum Immediatvortrag:

1.) das Reichsmarineamt, eine oberste Reichsbehörde, zuständig für die Marineverwaltung, Bauplanung und Konstruktion sowie für die Vertretung der Marinepolitik gegenüber dem Reichstag und Bundesrat,

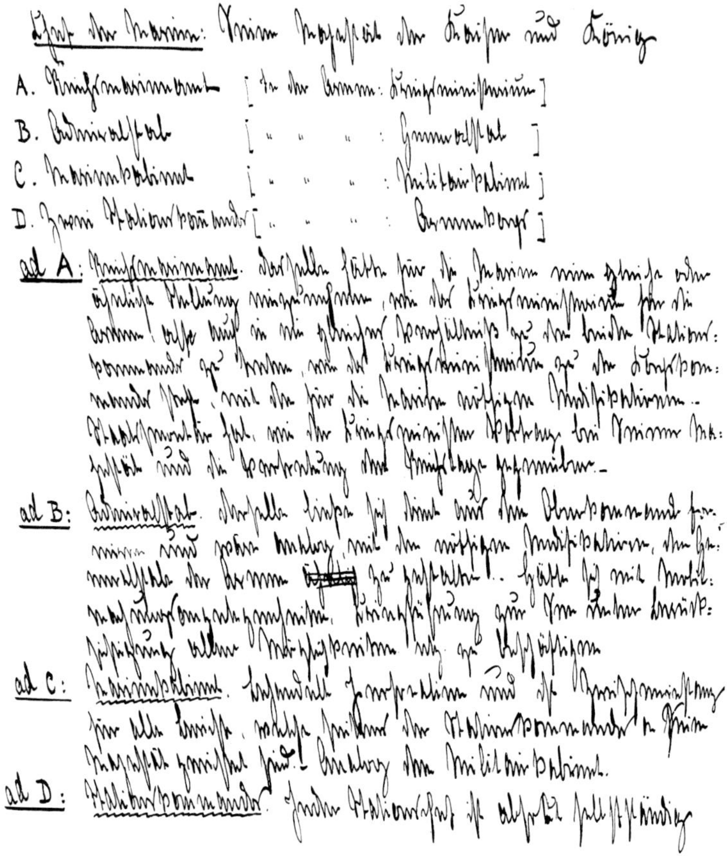
Chef der Marine: Seine Majestät der Kaiser und König

A. Reichsmarineamt [in der Armee: Kriegsministerium]

B. Admiralstab [" " " : Generalstab]

C. Marinekabinett [" " " : Militärkabinett]

D. Zwei Stationskommandos [" " " : Generalkommandos]

ad A: Reichsmarineamt. …

ad B: Admiralstab. …

ad C: Marinekabinett. …

ad D: Stationskommandos. …

2.) den Admiralstab, Berater des Kaisers in der Manövergestaltung und Seekriegsführung,

3.) das Marinekabinett (gedacht für alle Offiziersangelegenheiten wie Stellenbesetzung, Beförderungen, Ehrengerichte usw., entwickelte es sich seit 1906 unter Admiral v. Müller zu einem Gegenpol von Tirpitz, in der Flotte mit Argwohn beobachtet),

4.) den Chef der Manöver-, später der Hochseeflotte,

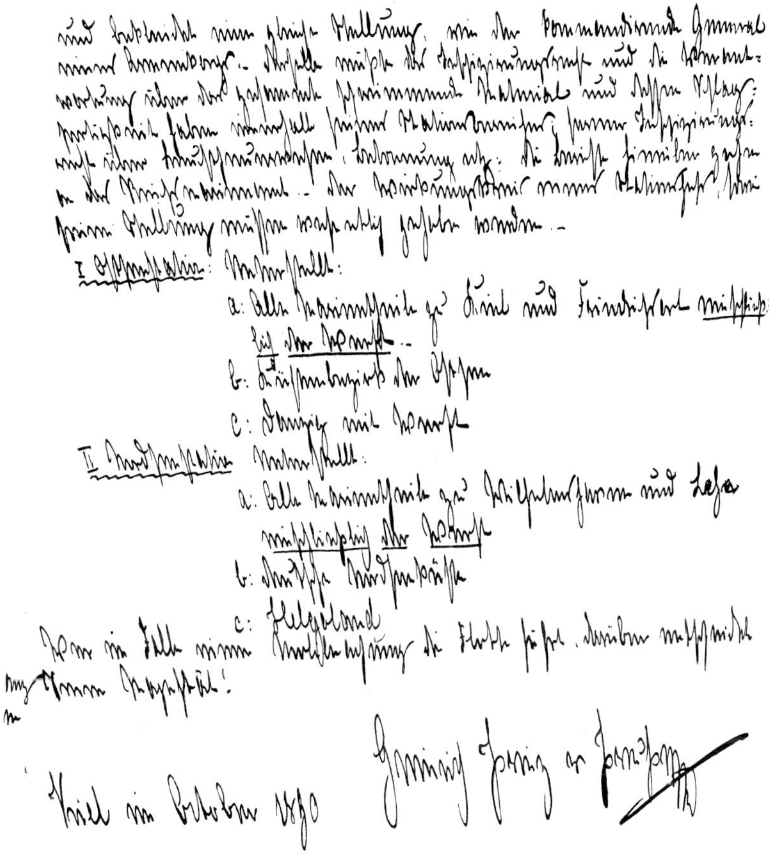

5.) den Generalinspekteur der Marine, rangältester Admiral, mit Besichtigungen beauftragt,

6.) und 7.) die Marinestationen der Ostsee und der Nordsee,

8.) das Kreuzergeschwader Ostasien.

Zu Anfang des Krieges traten noch der Oberbefehlshaber der Ostseestreitkräfte, Prinz Heinrich, und der Kommandierende Admiral des Marinekorps in Flandern hinzu. Der Generalinspekteur wurde nicht mehr besetzt.

Dem Namen nach führte der Kaiser diesen vielköpfigen Organismus, tatsächlich überschritt die Aufgabe schon physisch seine Kraft, war doch der Oberbefehl über die Marine nur eine der vielen Pflichten des Monarchen. Tirpitz' Bemühen ging dahin, keiner dieser vielen Immediatstellen (außer der eigenen!) überwiegenden Einfluß einzuräumen, „dem Kaiser das Gefühl zu lassen", wie er sagte, „daß seiner Prärogative nicht vorgegriffen würde". Tirpitz hielt sich überzeugt, daß im Kriegsfalle die Seekriegsleitung in seiner Hand die Mängel der Friedenskonstruktion beheben würde. Diese Hoffnung haben ihm 1914 neben dem Kanzler, wie erwähnt, v. Müller, der zunehmend das Ohr des Kaisers gewann, und der Chef des Admiralstabes, v. Pohl, durchkreuzt.

„Es muß als eine Tragik bezeichnet werden, daß die personellen Voraussetzungen für einen absoluten Anspruch der Politik auf Vorrang gegenüber der militärischen Führung im wilhelminischen Deutschland weder in Friedens- noch zu Kriegszeiten bestanden haben. Kaiser Wilhelm II. sowie die von ihm bestellten Reichskanzler waren mit dem Gewicht ihrer jeweiligen Persönlichkeit nicht in der Lage, den Primat der Politik sicherzustellen" (Benzino). Das Kaiserwort „Armee und Marine werden in der Politik nicht gefragt, das wäre noch besser" blieb gegenüber Männern wie Tirpitz und später Ludendorff eine leere Deklamation.

Wer in Marinefragen auf den Kaiser Einfluß zu nehmen suchte, wandte sich an den Prinzen Heinrich. So auch Tirpitz, als er über den Kabinettschef von Senden, den Vorgänger v. Müllers, beim Kaiser mit der Abkehr vom Kreuzerprogramm nicht vorwärts kam: „Bezüglich der Großen Kreuzerfrage ist es mir noch nicht gelungen, Seine Majestät zu überzeugen, daß ein Vorgehen in dem von Allerhöchstdemselben gewünschten Sinne einen Zusammenbruch unseres Flottengesetzes bedeutete... Wollen Eure Königliche Hoheit mir gnädigst zugute halten, wenn ich die Feder über diese Sorge habe fließen lassen, aber ich bin nahe daran zu verzagen, wenn ich die schwierige und gefährliche Lage unseres Staates bedenke, welche ihren natürlichen Einfluß auf das Marineamt ausübt."

Ob es Prinz Heinrich gewesen ist, der in seinem Bruder den Prozeß des Umlernens herbeigeführt hat, steht dahin; jedenfalls schwenkte der Kaiser nach längerem Bedenken auf die Linie von Tirpitz ein. 1898 wurde das von Tirpitz schon im alten Oberkommando geplante Erste Flottengesetz vom Reichstag bewilligt. Es sah vor: 2 Geschwader zu je 8 Linienschiffen mit einem Flottenflaggschiff, 8 Küstenpanzerschiffe und 22 Kreuzer der Heimatflotte sowie 13 Kreuzer im Auslandsdienst. Das Zweite Flottengesetz von 1900 verdoppelte die Geschwader unter Fortfall der Küstenpanzer und erhöhte die heimischen Kreuzer auf 32 Einheiten. Diese Zahlen sind als Rahmenplan zu verstehen, in Bau genommen wurden jährlich 2 Linienschiffe und 1 Großer Kreuzer, ab 1908, als die Dreadnoughts auftauchten, 4 sogenannte capital ships. Die Flottengesetze sollten lediglich den Schiffbau aus der jährlichen Budgetbewilligung herauslösen.

Die Novelle von 1906 forderte 6 Große Kreuzer nach, die beim Zweiten Flottengesetz vom Reichstag gestrichen worden waren. Der Kaiser wünschte eine umfassendere Novelle und warf Tirpitz vor, die Volksstimmung zugunsten der Flotte werde nicht genügend ausgenutzt. Tirpitz gewann den Prinzen für eine mäßigende Vorlage. Es kam zu einem Zusammenstoß zwischen den Brüdern, von Heinrich wahrscheinlich in Ehrerbietung bestanden, von Wilhelms Seite sehr ungnädig beendet. Nachgetragen haben sich beide nichts. Ein Abschiedsgesuch von Tirpitz wies der Kaiser zurück.

Heinrich hatte dem Kaiser unverblümt gesagt, wenn er mit dem Staatssekretär nicht auskommen könne, so möchte er ihn gehen lassen. Darauf der Kaiser: er brauche ihn noch und sein organisatorisches Talent (Tirpitz). Anschließend schrieb der Großadmiral an den Prinzen Heinrich: „Aus dem, was Seine Majestät mir gestern sagten, glaube ich entnehmen zu können, wie Seine Majestät sich doch überzeugt hat, daß wir im ganzen mit unserem Vorgehen das Richtige getroffen haben. England gegenüber dürfen wir das face in unserer Entwicklung nicht zum Ausdruck bringen, mindestens jetzt nicht. Im übrigen ist unsere Lage infolge unseres Maßhaltens im vorigen Jahr so günstig geworden, wie es nur irgend in der Erreichbarkeit liegt."

Eine Novelle von 1908 setzte die Ersatzzeit für alle Schiffsklassen auf 20 Jahre herab. Nach der Novelle von 1912 sollte sich die Zahl der Geschwader auf 5 vermehren. Durch das Anwachsen der englischen Kaliber auf 38 und sogar 40 cm schien dem Prinzen Heinrich die Flottennovelle von 1912 zu knapp bemessen. Auf der anderen Seite kam er zu der Auffassung, daß die Dreadnoughts nicht mehr zu bezahlen seien. Sicher hätte er einem Arrangement mit den Engländern den Vorzug gegeben, aber er konnte wenig dazu tun. Von Müller hinterbrachte dem Bruder, der Prinz habe schon lange die Erreichung des kaiserlichen Ziels, den Nachbau von Dreadnoughts betreffend, aufgegeben. Aber auch der Kaiser bekannte Tirpitz, die Schraube ohne Ende werde sehr unheimlich.

Da laut Gesetz von 1913 zum Zweiertempo zurückzugehen war und Ersatzbauten angerechnet werden mußten, hätte 1920, wie von Tirpitz geplant, die deutsche Flotte 60 Großkampfschiffe umfaßt. Eine der Flottenvorlagen wurde vom Reichstag um zwölf Millionen Reichsmark gekürzt. Die Zentrumspartei war verärgert, weil Wilhelm II. von seinem Großvater öffentlich gesagt hatte, im Mittelalter wäre dieser heilig gesprochen worden. Statt die Blasphemie zurückzunehmen, empörte sich der Kaiser in einem Brief an seinen Bruder über die „vaterlandslosen Gesellen“, und Heinrich ließ dieses geflügelte Wort den Besatzungen bekanntgeben, was einen neuen Sturm hervorrief (Balfour).

Wenn der Reichstag der Ära Tirpitz in seiner Mehrheit den Bauplänen des Staatssekretärs gefolgt ist, so wuchsen von außen Mißtrauen und Feindseligkeit, besonders in England. „Dies war keine Flotte, die sich nach Rußland und Frankreich richtete, sondern die vom ersten Moment an auf die Seemacht England fixiert war“ (Salewski). In den Vorstellungen von Tirpitz war das sicherlich so. Im allgemeinen Verstande war sie jedoch anfangs defensiv gedacht, sie sollte ein „Copenhagen“ verhindern, das der dänischen Flotte 1807 widerfahren war. Ein ähnlicher Überfall auf die Deutsche Bucht sollte für England zu riskant werden, mit der Risikothese argumentierte das Nachrichtenbüro nach allen Seiten. Für Tirpitz selbst bedeutete die Risikophase eine Durststrecke, über die er hinausstrebte. Im Kern sann er darauf, durch eine der britischen ebenbürtige, wenn nicht überlegene Flotte den „Griff nach der Weltmacht“ zu wagen.

So sehr Tirpitz, und nicht nur er, die deutsche Leistungsfähigkeit überschätzte, so unterschätzte er den Widerstand und die Finanzkraft der Engländer. Ihm schwebte ein von deutscher Seemacht geführtes Europa vor, das den angelsächsischen „Krämergeist“ in die Schranken verweisen sollte. Für seine Fehleinschätzung hatte er einen Gewährsmann in London, den Kapitänleutnant Wilhelm Widenmann, der 1907 den bisherigen Marineattaché, einen Konteradmiral, abgelöst hatte. Die Marineattachés ressortierten beim Reichsmarineamt, ihre Berichte wurden, kommentiert oder nicht, vom Botschafter an den Reichskanzler übermittelt, der sie dem Kaiser vorlegte. Hielt der Kanzler einen Bericht für ungeeignet, war der Staatssekretär im Reichsmarineamt zu unterrichten, der Vorlage beim Kaiser verlangen konnte.

Diese ausgeklügelte Regelung kam zum Tragen, weil Widenmann zu seinem Botschafter, dem Grafen Wolff-Metternich, in einem ähnlich kontroversen Verhältnis stand wie Tirpitz ab 1909 zum Reichskanzler v. Beethmann Hollweg. In seinen Erinnerungen schildert Widenmann, sicherlich ein Zerrbild, Metternich als trägen Anglophilen, mangels Einblick außerstande, Verdächtigungen der Engländer hinsichtlich der Flottennovellen Paroli zu bieten. Wider besseres Wissen, so scheint es, empfahl Widenmann, im Flottenbau gegen England durchzuhalten, der Inselstaat könne seinen neuen Grundsatz „two keels to one“ nicht dauerhaft verwirklichen. Metternich warnte den Kanzler: „Es ist mir zweifelhaft, ob Seiner Majestät mit einer glatten und wohlgefälligen Berichterstattung gedient wäre, bis wir uns plötzlich vor einem Kriege mit England sehen.“

Wenn Prinz Heinrich an den Hof von St. James kam, hatte sich der Marineattaché bei ihm zu melden. Widenmann widerriet dem Prinzen, dem Ersten Lord der Admiralität einen Besuch abzustatten, da er deutschfeindlich sei. Der soeben von Eduard VII. zum Admiral of the Fleet ernannte Heinrich mußte empört seine Meldung bei der Admiralität ohne die Begleitung des obstinaten Marineattachés antreten. Auf einem Essen beim Thronfolger, dem späteren Georg V., sprach Heinrich den Führer der Opposition, Arthur Balfour, auf einen Artikel im „Saturday Review“ mit dem Titel „Germaniam esse delendam“ an. Er war zu Balfours Regierungszeit erschienen und hatte damals in Deutschland noch mehr Aufsehen erregt als in England. Balfour wollte sich nicht erinnern, und Widenmann erhielt vom Prinzen Befehl, seinem Gesprächspartner den Artikel zu besorgen.

Dem Kaiser meldete Widenmann mündlich, daß der Prinz gar nicht gewußt habe, wer sein Gegenüber gewesen sei. Der Prinz bilde sich sein falsches Urteil über die englische Einstellung in Gesprächen mit einigen freundlichen Herren des Oberhauses. Widenmann warnte den Kaiser vor den englandgläubigen Eskapaden des Bruders. Laut Widenmann soll der Kaiser geantwortet haben: „Lassen Sie Heinrich doch, er ist ein politisches Kind." So sehr Wilhelm seinem Bruder in der Marine freie Hand ließ, politisch hielt er ihn, wie das glaubwürdige Beispiel zeigt, für zu blauäugig. Als Prinzessin Irene 1904 für Eduard VII. ein Bankett gab, nahm der Kaiser ungebeten teil, um zu verhindern, daß Heinrichs Anglophilie zu Entgleisungen führen könnte.

Bei den Regatten in Cowes 1911 weigerte sich Prinz Heinrich, die „Meteor III", die Yacht des Kaisers, zu segeln, da er nicht eingeladen sei. Widenmann vermochte ihn schließlich zu überreden, wenigstens die „Germania", Eigner Gustav Krupp v. Bohlen und Halbach, zu segeln, obwohl auch hier keine Aufforderung vorlag. Bei zwei dieser Regatten errang die „Germania" erste Preise. Vorher hatte Heinrich den Attaché mit heftigen Vorwürfen überschüttet, er beurteile die Engländer falsch und trage zur Trübung des deutsch-englischen Verhältnisses bei. „Widenmann, ich kann Sie nicht ausstehen", sagte er ihm ins Gesicht. Im Kriege übrigens hat Heinrich auf einem Bierabend des Kaiserlichen Yachtclubs vor deutschen und österreichischen Seeoffizieren revoziert: „Kapitän Widenmann, ich muß Ihnen Abbitte tun für manches scharfe Wort, das ich mit Ihnen in London gewechselt habe. Sie haben die Engländer richtig beurteilt, während ich mich leider von ihnen habe täuschen lassen." Diese im Angesicht des Krieges begreifliche ritterliche Geste des Prinzen vermag indes das verhängnisvolle Wirken Widenmanns nicht auszulöschen.

Als der Erste Lord der Admiralität, Winston Churchill, 1912 beim Stapellauf des Schlachtkreuzers „Tiger" seine herausfordernde „Luxusrede" hielt („The British Navy is to us a necessity, and from some point of view the German Navy is to them in the nature of a luxury"), wurde die am meisten umstrittene Flottennovelle mit großer Mehrheit vom Reichstag angenommen.

Im Gegensatz zum Prinzen Heinrich hat sein kaiserlicher Bruder Widenmanns Geschäftigkeit mehrfach gutgeheißen. Der Staatssekretär des Auswärtigen Amtes, v. Kiderlen-Wächter, beklagte sich beim Kaiser über „eine unnötige Erschwerung unserer Beziehungen zu England" durch Widenmann: „Eurer Majestät Genehmigung darf ich dazu voraussetzen, daß ich den Marine-Attaché anweise, in seiner Berichterstattung sich auf die marinetechnischen Fragen zu beschränken und sich nicht auf politische Spekulationen einzulassen... Der Bericht atmet eine Gehässigkeit und ein Mißtrauen gegen England, die meines ehrerbietigsten Erachtens nach nicht gerechtfertigt sind." Die Marginalie des Kaisers dazu lautete: „Der Marineattaché hat nur seine Pflicht und Schuldigkeit getan und die ungeschminkte Wahrheit geschrieben. Er ist nicht zu rektifizieren sondern zu beloben." Der Kronprinz schlug seinem Vater sogar vor, Widenmann zum Nachfolger Metternichs als Botschafter zu berufen.

Zweifellos hat Heinrich das britische Wohlwollen gegenüber dem Reich überschätzt und mußte deshalb bissige Randbemerkungen des Bruders zu seinen Berichten von Englandreisen gewärtigen, die ihm freilich nicht bekannt wurden. 1912 schrieb Prinz Heinrich dem Kaiser, England hege keinerlei kriegerische Gedanken, es wünsche die Erhaltung des Friedens, die Vermeidung eines Konflikts ebenso wie Deutschland. Wenngleich der Gedanke, daß die Botschafterkonferenz in London stattfinde, an sich ein sympathischer sei, so wäre man gern bereit gewesen, auf eine solche in Berlin einzugehen. „Mir ist nichts davon bekannt", merkte Wilhelm an. Heinrich fährt fort: „Sollte ein ernster europäischer Konflikt entstehen, welcher zur Folge haben müßte, daß Deutschland seine Bündnistreue Österreich gegenüber hält, so würde nach dem heutigen Stand der Dinge vielleicht mit einer Neutralität, nicht aber mit einem Mitgehen Englands auf deutscher Seite zu rechnen sein." Dazu der Kaiser: „Bereits erledigt! Es geht mit Frankreich!"

Hier ist nicht der Ort, das Ringen um die Kräfterelationen der Flottenstärken 3:1, 2:1, 3:2 im einzelnen zu verfolgen oder den Versuchen nachzugehen, politisch wenigstens zu Abkommen über wechselseitige Neutralität zu gelangen; das Auf und Ab der Verhandlungen mündete immer wieder in die Sackgasse der Flottenrivalität, einer Materialschlacht im Frieden. Im Wettlauf mit der Zeit überließ Großbritannien der französischen Flotte das Mittelmeer, stärkte damit seine Nordseegeschwader und verpflichtete die Dominiom, sich am Schlachtschiffbau zu beteiligen. Der deutschen Seite blieb nur, den Kaiser-Wilhelm-Kanal und seine Schleusen zu erweitern, damit die Nordseestreitkräfte aus der Ostsee schnell aufgefüllt werden konnten. Der Anteil des Marineetats, im Jahre 1911 noch über die Hälfte der Heeresausgaben, sank 1913 auf ein Drittel der für die Armee vorgesehenen Ansätze.

An diesem Rückgang haben auch die Aktivitäten des Deutschen Flottenvereins nichts ändern können. Der Deutsche Flottenverein, 1898 gegründet, stand unter der Schutzherrschaft des Prinzen Heinrich und zählte vor dem Ersten Weltkrieg etwa eine Million Mitglieder, das war fast eine Volksbewegung für eine starke Flotte. In den Werbekampagnen gingen die Landesverbände unterschiedlich vor. Maßvoll waren die Bayern unter dem Protektorat des Prinzen Ruprecht, die im Sinne von Tirpitz ganz allgemein Kirche und Zentrum für den Seegedanken zu gewinnen suchten. Sie trieben Opposition gegen die Berliner Vereinszentrale unter General Keim. Keim hatte sich mit konkreten und detaillierten Forderungen nach einem weiteren Schlachtschiffgeschwader übernommen. Tirpitz mußte im Reichstag von den unbezahlbaren Wünschen der Leitung des Flottenvereins abrücken, der Kaiser rügte 1905 in einem Telegramm aus Basel, die Vereinsführer maßten sich ein Recht an, der Regierung Gesetzesvorschläge über die Formation der Flotte, sogar über Schiffstypen aufzudrängen. „Das ist ein direkter Eingriff in die Kommandosphäre des Allerhöchsten Kriegsherrn."

Prinz Heinrich, der in Briefen an seinen Bruder die Unabhängigkeit des Vereins von Monarch und Regierung betont hatte, stand anfangs auf seiten der Zentrale und war verärgert über die aufmüpfigen Bayern. Tirpitz hielt ihm vor: „Die Methode des Flottenvereins und der wilden Marineschriftsteller der Neuzeit würden das gesetzmäßige Vorgehen vernichten und den Aufbau der Flotte dem Zufall preisgeben." Der Prinz ließ sich überzeugen und lenkte ein. Der Flottenverein habe in der Vergangenheit seine Aufgabe erfüllt. „General Keim ist ein Pfahl im Fleische des Vereins. Seine Unschädlichmachung halte ich für angezeigt." Er billigte jetzt die Haltung der Bayern, die den radikalen Elementen die Balance hielten. Auf der Hamburger Hauptversammlung des Vereins 1906 übte er nach eigenen Worten „herbe Kritik" an der Leitung, man dürfe nicht dem Redeschwall und Enthusiasmus erliegen, sondern müsse der Aufklärung dienen. Geheimrat v. Holstein lobte die besonnene Rede des Prinzen. Am Beispiel des Flottenvereins zeigte sich einmal mehr, wie virtuos Tirpitz auf allen Instrumenten der öffentlichen Meinung zu spielen wußte. 1900 schickte er z. B. eine Torpedodivision den Rhein hinauf bis zur Höhe von Karlsruhe, um im Binnenland für den Seegedanken zu werben.

Der Kaiser genoß es, dem Zaren die deutsche Flotte vorzuführen. An der Spitze die „Hohenzollern", dampften 1901 vierzig Schiffe zur Halbinsel Hela und ließen Anker fallen. Nikolaus II. und sein Gefolge gingen mit Booten bei der

Kaiseryacht längsseits, Wilhelm nahm Nicky gleich unter den Arm und hielt ihm, an Deck auf- und niedergehend, einen langen Lehrvortrag über maritime Fragen. Der russische Flottenchef, Großfürst Alexei, hatte auf seiner Yacht „Swetlana“ vor der Flotte abgedreht, um nicht früher als sein Herrscher beim Kaiser einzutreffen. Ein Torpedoboot verfolgte die Yacht, bis sie identifiziert war; man hatte Spionage befürchtet. Alexei nahm von den Manövern keinerlei Notiz. Da sich auf der Admiralsbrücke des Flaggschiffes kein Platz für ihn fand, sprach er unter Deck dem Champagner zu. Als Alexei dem Prinzen Heinrich einen Gegenbesuch an Bord machen wollte, irrte sich der russische Stabsoffizier, der den Generaladmiral hinüberrudern ließ, im anzulaufenden Schiff. Alexei mußte das falsche Fallreep wieder herabsteigen. In seiner Wut schlug er dem russischen Kapitän ins Gesicht. Beim großen Ordenssegen anläßlich dieser Begegnung sparte der Kaiser den Knoten Alexei aus (Schönburg).

Bis zum Kriegsausbruch

Zu Anfang des neuen Jahrhunderts wurde Prinz Heinrich überraschend Chef des I. Geschwaders der Flotte. Den Vorgänger, einen in Seetaktik überlegenen Kopf, hatte Wilhelm, verärgert über den Ausgang der Kaisermanöver, aus dem Amt entlassen. Zum Admiral befördert, lag Heinrichs Dienstrang wiederum über dem der Dienststellung. So viel Gnadensonne wirkte eher erschwerend als fördernd, denn der Prinz war kein willfähriger Geschwaderchef der Übungsflotte, wie sie damals noch hieß. Sie wurde am Ende von Heinrichs Geschwaderzeit in Schlachtflotte, bei seinem Dienstantritt als Flottenchef in Hochseeflotte umbenannt.

So nüchtern Tirpitz selbst sein großes Geschäft anfaßte, die Begeisterung für die wachsende Flotte mündete in allgemeine Euphorie, die sich in Schlagworten wie „Freiwasserschlacht in der Nordsee“ oder „den Sieger von Trafalgar in die Knie zwingen“ breit machte.

1902 brach Prinz Heinrich auf dem Schnelldampfer „Kronprinz Wilhelm“ mit seinem Adjutanten, Kapitän z. S. v. Müller, und begleitet von Vizeadmiral v. Tirpitz und General v. Plessen zu einer Reise in die Vereinigten Staaten auf, um die öffentliche Meinung dort nach einigen Reibereien vor Manila für Deutschland wiederzugewinnen. Offizieller Anlaß war die Schiffstaufe der für den Kaiser in USA gebauten Schoneryacht „Meteor III“. Die Taufe nahm Miss Alice Roosevelt, die Tochter des amerikanischen Präsidenten, in Gegenwart des Vaters vor. „Im Namen des deutschen Kaisers taufe ich Dich ‚Meteor‘." Prinz Heinrich legte ihr ein Mützenband, wie es die Besatzung tragen würde, um den Arm. Miss Roosevelt telegraphierte: „Seiner Majestät dem Kaiser, Berlin. Meteor ist glücklich vom Stapel gelaufen. Ich gratuliere Ihnen, danke Ihnen für die mir erwiesene Liebenswürdigkeit und sende Ihnen meine besten Wünsche." Ein Kommentar zu Heinrichs Mission: „Kaum ist je ein geeigneterer Sendbote hinausgegangen, um die Würde einer alten, ruhmreichen Dynastie dem demokratischen Empfinden eines großen Volkes sympathisch zu machen" (v. Falkenegg).

Der Lloyddampfer traf wegen stürmischer See mit einem Tag Verspätung in New York ein. Das Begrüßungsgeschwader mit dem Schlachtschiff „Illinois“ lief ihm entgegen und feuerte Salut. Am Hudson schwenkten Tausende die Tücher. Die Dampfsirenen schwiegen wegen der Sabbatstille. Heinrich stieg am Ankunftspier auf die Kaiseryacht „Hohenzollern“ über und empfing die Abordnungen des Präsidenten, der US-Marine und den Bürgermeister New Yorks. Manches von der Norm Abweichende wurde registriert. Bei einer Besichtigung der „Illinois“ durch den Prinzen warf der amerikanische Admiral den Dreispitz in die Luft. Prinz Heinrich schritt die Front einer Ehrenkompanie ab und sagte: „Ihre Leute gefallen mir, Kapitän." Der Offizier geriet in Verlegenheit, denn derartiges Lob war bei den Amerikanern unbekannt (v. Falkenegg).

In Washington überreichte der Prinz dem Präsidenten und seiner Tochter die Gastgeschenke. Man hatte an Gold und Diamanten nicht gespart. Sehr geschmackvolle Präsente, aber wohin Roosevelt mit der schauderhaften Büste Wilhelms II. in

Garde-du-Corps-Uniform sollte, blieb dahingestellt. Auf dem Capitol wohnte Heinrich einer Sitzung des Repräsentantenhauses bei und wurde von den Abgeordneten mit Beifallsstürmen überschüttet.

Nicht anders verlief die Verleihung des Ehrenbürgerbriefs der Stadt New York. Zur Begrüßung sprangen die Stadtverordneten auf und applaudierten. Seit Lafayette 80 Jahre zuvor war eine solche Auszeichnung niemandem zuteil geworden. Auf seiner über 6000 km langen Reise empfing Prinz Heinrich 20 Ehrenbürgerbriefe. Überall rühmte man seinen Charme, sein demokratisches Auftreten und die Schlagfertigkeit. Schnell hatte er sich einige Amerikanismen angeeignet, die seine Popularität vermehrten. Nie ließ er diese jedoch gelten, sondern er bezog sie stets auf seinen Bruder, den Kaiser.

Vor tausend Journalisten in New York sagte er: „Ich beziehe mich auf die Worte, deren sich Seine Majestät der Kaiser bediente, ehe ich die Reise hierher antrat. Er sagte zu mir: ‚Du wirst mit vielen Vertretern der Presse zusammenkommen, halte dir die Tatsache vor Augen, daß die Repräsentanten der Presse in den Vereinigten Staaten ungefähr dasselbe sind, wie meine Kommandierenden Generale.'"

Über die Art der hundert Ansprachen, die Heinrich in den USA gehalten hat, berichtete die New Yorker Staatszeitung: „Dann sprach der Prinz. Er hat eine eigentümliche Art zu reden. Die Gabe, vom ersten Augenblick an den Hörer zu packen, geht ihm wohl ab, aber es spricht für ungewöhnliche Begabung, daß er den Mangel durch ein technisches Hilfsmittel zu ersetzen weiß. Er beginnt leise, eigentlich wohl nonchalant, aber man weiß im ersten Augenblick nicht, ob kalt oder zaghaft. Dann plötzlich erwärmt er sich, die Worte fallen klar, laut, metallisch hart und doch warm von seinen Lippen und – schlagen ein. Bei dieser Ansprache erhob er zum ersten Male die Stimme und rief, sich hoch aufrichtend, über die Versammlung hinweg, als er sagte: ‚Ich weiß, alle diese Ehren werden mir zuteil nicht um meiner selbst, sondern um der Person meines vielgeliebten Bruders, Kaisers und Souveräns willen!'"

Um der Flut von Interviews vorzubeugen, war v. Müller beauftragt worden, einen Lebenslauf des Besuchers für die Presse zu entwerfen. Heinrich gab die Stichworte: „Grandson of Emp. William the Great (sic!). As a Sportsman 1.) Jagdlich: good shot etc. 2.) Yachting: Owned several yachts, good amateur Yachtman, Sonderklasse. 3.) Polo, Golf. Meine Verdienste bitte ich Sie über das Maß dessen, was Sie und ich für anständig halten, zu erheben. Diesmal Schorsch muß ‚geklingelt' werden, so sehr ich dergleichen hasse."

Die Reise wurde zum beispiellosen Erfolg, der Kaiser meinte, sie werde Zahnschmerzen jenseits des Kanals bereiten. Heinrich war der Sportstyp, der den Amerikanern gefiel. Das Auswärtige Amt hatte den Besuch einer Reihe von Städten gewünscht. Buffalo, Chicago, St. Louis und Boston standen auf dem Programm. Nach einem Eisenbahnunglück, Heinrich fuhr die meiste Zeit auf der Lokomotive, half der Prinz, Verletzte zu retten, und reihte sich bei den Streckenarbeitern ein, was ihm natürlich starke Publizität eintrug. Überall wurde er als Enkel der Queen gefeiert, bei den Deutschamerikanern als Enkel des alten Kaisers. Einer der Höhepunkte war die Besichtigung der Marinekadettenanstalt in Annapolis. Tirpitz hat einen schriftlichen Bericht über seine Eindrücke verfaßt. Aufsehen in der Presse erregte, daß Prinz Heinrich nach einem Kadettenboxkampf sich nicht dem Sieger, sondern dem Besiegten zuwendete und ihm sagte: „Es tut mir leid, daß Sie unterlegen sind. Sie sind trotzdem ein tüchtiger Kerl."

Die Havard-Universität verlieh ihm die Ehrendoktorwürde, der Universitätspräsident sagte in seiner Würdigung: „Die friedliche Eroberung Amerikas durch den Prinzen Heinrich ist den Schwertsiegen der Hohenzollern zu vergleichen." Die Ordensvorschlagsliste für den Aufenthalt in den Staaten umfaßte 208 Auszuzeichnende (B/M). Der Besuch wurde im folgenden Jahr durch die Reise eines amerikanischen Geschwaders nach Kiel erwidert.

Präsident Roosevelt hatte zum Abschluß der Reise an den Kaiser telegraphiert: „Der Besuch Ihres Bruders in unserem Lande hat viel dazu beigetragen, die Tiefe der freundlichen Gesinnungen zu erweisen, welche zwischen den beiden Nationen bestehen, und war in jeder Beziehung außerordentlich glücklich. Ich hoffe, daß Sie mir gestatten werden, Ihnen zu der bewundernswerten Art und Weise Glück zu wünschen, in welcher er sich gezeigt und die echteste und herzlichste Sympathie und Hochachtung Aller sich erworben hat. Wir haben ihn um seiner eigenen Person willen willkommen geheißen, aber noch herzlicher als Ihren Vertreter und den des mächtigen deutschen Volkes." In der Tat hat die glückhafte Natur des Prinzen zu keiner Zeit seiner Laufbahn dem Reiche einen größeren Dienst erwiesen als mit seiner ausnahmslos gelungenen Amerikareise.

In den USA hatte sich Heinrich einen Dampfkraftwagen von 5 PS bestellt. Das Fahren erlernte er zwischen Hamburg und Kiel bei dem Chauffeur, der das Fahrzeug ablieferte. 1903, der Prinz war Chef der Marinestation der Ostsee geworden, versuchte er sich auf einem Adler-Motorrad, um bald danach auf einen Benzwagen mit Verbrennungsmotor umzusteigen. Der Kaiser ließ sich im Daimlerautomobil kutschieren, sein Bruder hielt sich an Benz und fuhr alle Wagen selbst, die schnellsten reichten ihm kaum. Seine Reisen nach Österreich und der Schweiz bedeuteten für Benz eine willkommene Werbung. Heinrich bevorzugte offene Wagen mit Klappverdeck und kreierte einen Staubmantel. Er ist der Erfinder des Scheibenwischers für Windschutzscheiben, Reichspatent Nr. 204343 von

1908, und wurde Initiator der Prinz-Heinrich-Fahrten, Zuverlässigkeitsprüfungen über eine Strecke von tausend Kilometern.

Wenn er von Kiel nach Eckernförde „raste", stoben die Kinder auseinander. „De dulle Prinz kümmt!" Benzin gab es nur in Apotheken zu kaufen, und als sein Kraftwagen einmal in Preetz liegen blieb, mußte er mit der Eisenbahn zur Kaiserlichen Werft nach Kiel transportiert werden; Werkstätten für Automobile gab es ja noch nicht. Heinrich organisierte die erste große Gesellschaftsfahrt des Kaiserlichen Automobilclubs, die von Bad Homburg nach Bremerhaven, von Southampton nach Edinburgh führte und ihn nach London zur Krönung Georgs V. brachte.

1911 blockierte bei seinem Rennauto die Lenkung, der Wagen schleuderte an einen Baum, dem Prinzen brachen einige Rippen. Das focht ihn nicht an, obwohl der Kaiser über seinen Kabinettschef Heinrichs „Automobilismus" gerügt hatte. Schon zwei Jahre vor dem Krieg propagierte Heinrich das aus Kohle zu gewinnende Benzol als „nationalen" Treibstoff, eine der Maßnahmen, die die Folgen der Blockade milderten. Auf Hemmelmark unterhielt er jahrelang eine Erprobungstelle für die Verwendung von Benzol. Als 1962 der Automobilclub von Deutschland zum hundertsten Geburtstag des Prinzen eine Gedächtnisfahrt nach Hemmelmark veranstaltete, unterstrich der Ministerpräsident von Schleswig-Holstein die Verdienste Heinrichs als vorausschauender Förderer des Automobilsports.

Als Stationschef war Heinrich natürlich immer zur Stelle, wenn sein Bruder die Marine besuchte. Der Kaiser liebte es, bei Rekrutenvereidigungen kernige Ansprachen an die junge Mannschaft zu halten. Nach einem solchen Anlaß erwiderte ihm Heinrich bei einer Tischrede im Kieler Schloß: „Euer Majestät werden niemals solche Erfahrungen an Ihrer Marine machen, wie sie in letzter Zeit an anderer Stelle und in anderen Ländern in so furchtbarer Weise (Meutereien, d. Verf.) in Erscheinung getreten sind."

Dem Auge Wilhelms entging nichts. Bei einer Werftbesichtigung entdeckte er ausgediente Holzgestelle für Deckwinker. Er selbst hatte die Deckwinker in der Marine eingeführt. Sowohl der Flottenchef, Großadmiral Hans v. Koester, wie Tirpitz erinnerten an die Nachteile der Geräte. Der Kaiser erboste sich: „Werden in Meiner Marine Befehle noch befolgt oder nicht?" Am Abend meldete der Flottenchef, daß die Deckwinker sich wieder in Funktion befänden, Prinz Heinrich resignierte: „Muß sich denn der Mann immer in alle solche Dinge mischen?" (Zedlitz).

Besonderen Wert legte der Kaiser auf die Ausstattung seiner großen Yachten. Hier hatte alles zu blinken und wie am Schnürchen zu klappen. Nächst Heinrich war v. Usedom ihm der liebste Kommandant der „Hohenzollern". (Vgl. eine kaiserliche Notiz für den Chef des Marinekabinetts v. Senden-Bibran [B/M], die hier dokumentiert wird.)

1906 winkte Heinrich das Kommando, von dem jeder Seekadett träumt, auf das jeder Seeoffizier hinsteuert und das nur einem aus jeder dritten bis vierten Crew beschieden ist, er wurde Flottenchef. Das Jahresprogramm der Hochseeflotte war eingefahren. Im Oktober gab es den Herbststellenwechsel, bis Weihnachten wurden die Rekruten in den Schiffsdienst eingewöhnt. Die Vorschrift „Dienst an Bord" ähnelte sehr den britischen, schon im 18. Jahrhundert eingeführten und bewährten „King's Regulations".

Abgeschlossen wurde die seemännische Grundausbildung mit den Besichtigungen durch die Geschwaderchefs. Kurze Winterreisen in der Nord- und Ostsee übten das Einfahren der Verbände, Schießübungen schlossen sich an, im Frühjahr fand die Hauptgefechtsbesichtigung durch den Flottenchef statt.

27. 11. 03.

20

71

Der Arzt will, daß ich möglichst viel auf dem Wasser sein soll, und möglichst wenig am Land. Also muß ich meiner großen Yacht sein. Die Hohenzollern ist bis dahin nicht fertig: Ich werde wahrscheinlich im Februar gehen und erst Anfang Mai wiederkommen. Vorher muß Usedom mal herkommen daß wir drei mit ihm gründlich mündlich besprechen können.

Hier wurde die Wendigkeit der Kommandanten bei Ausfällen durch Feindeinwirkung, Brand an Bord und bei Leckagen geprüft. Zur Kieler Woche hatte sich die Flotte auf Befehl des Kaisers in der Förde zu versammeln. Wilhelm brauchte diese Demonstration der Seemacht zur Selbstbestätigung.

Die Sommerreise führte fast regelmäßig nach Norwegen. Prinz Heinrich gab zu bedenken, die ständige deutsche Flotteninvasion sei den Norwegern unwillkommen. Er wurde nicht gehört. Seinen Vorschlag, in den Atlantik zu gehen, vom Offizierkorps sehr begrüßt, lehnte man in Berlin ab, die deutschen Seestreitkräfte könnten im Konfliktsfall von der britischen Flotte abgeschnitten werden. Am Ende seiner Zeit als Flottenchef wurde dann dem Prinzen auf Kaisers Befehl eine Reise zu den Azoren als Ausnahmeerlaubnis bewilligt.

Sein Vorgänger, Großadmiral v. Koester, hatte sich den Beinamen „Exerziermeister der Flotte" redlich verdient. Auch der Prinzadmiral legte Wert auf Schießausbildung und Beweglichkeit in der Flottengefechtslinie. Sein Steckenpferd war das Evolutionieren in Schlechtwettergebieten. Schlecht verstand er sich mit dem Chef seines I. Geschwaders, dem Vizeadmiral Henning v. Holtzendorff. Holtzendorff war ein Neuerer, einerseits pedantisch, dann wieder unstet. Er steckte voller Einfälle und erprobte die Selbständigkeit der Unterführer weit über die Vorstellungen Heinrichs hinaus. Holtzendorff zog das Gefecht in Küstennähe vor. Als Nachfolger des Prinzen im Flottenkommando, Heinrich hatte sich vergeblich gegen diese Ernennung gestemmt, befürwortete er dann, die Flotte von der Ostsee aus zu führen, was nur bei einer Besetzung Jütlands denkbar gewesen wäre. Die stand aber zu keiner Zeit in Erwägung (Hopman).

Holtzendorff trachte mit seinem Chef des Stabes, Scheer, sich den Admiralstab einzuverleiben, hieß es. Heinrich hat die Ablösung als Flottenchef, die der Routine entsprach, nur schwer verwunden. Brennend gern wollte er die ersten Großkampfschiffe der Nassauklasse im Verband einfahren. Im Kriege setzte der Chef des Marinekabinetts, Admiral v. Müller, gegen den erbitterten Widerstand Heinrichs beim Kaiser die Reaktivierung Holtzendorffs durch, der Chef des Admiralstabes wurde. In der Marine munkelte man von Vetternwirtschaft, weil v. Müller und Holtzendorff verschwägert waren. In solchen Animositäten drückte sich jedoch nur das Vorurteil der „Front" gegen den „Höfling" v. Müller aus. Jetzt bekam es Holtzendorff mit Scheer zu tun, der bei jeder sich bietenden Gelegenheit als Flottenchef die Autorität des Admiralstabes untergrub. Der Marine fehlte die Seekriegsleitung, über die die Armee in Gestalt der Obersten Heeresleitung verfügte.

Holtzendorff verwandte sich besonders für den uneingeschränkten U-Bootskrieg. Der Prinz hatte schon 1905 beim Reichsmarineamt unter Hinweis auf englische Vorhaben die Bereitstellung von Mitteln zum Bau von Unterseebooten angeregt. Tirpitz beschied ihn abschlägig, es sei vorteilhafter, die Bewährung in anderen Marinen abzuwarten. Ein Stratege ist Prinz Heinrich nicht gewesen. Die seestrategischen Fragen überließ er neidlos dem Admiralstab, hinter dessen Intentionen er mehr, als es der Wirklichkeit entsprach, die Autorität des Bruders vermutete.

Einmal hat Heinrich als Flottenchef vor den Lehrgangsteilnehmern der Marineakademie einen Vortrag darüber gehalten, ob die deutsche Flotte die Schlacht östlich oder westlich von Helgoland suchen solle. Bis 1912 wurde eine enge Blockade der Deutschen Bucht seitens der Engländer angenommen. Sie hätte eine Gefährdung der Blockierenden durch die Torpedowaffe und die Unterseeboote bedeutet. Deshalb vermutete man später richtig die sogenannte weite Blockade. Zur Offensive gegen sie war der überalterte Teil des deutschen Schiffsmaterials nicht geeignet (Raeder).

Als Flottenchef wollte der Prinz 1908 seinen Flotteningenieur zum Rang eines Kapitäns z. S. befördern lassen. Obwohl dies zu den Befugnissen des Marinekabinetts gehörte, meldete Tirpitz seinen Einspruch an. Der Kaiser wich der Grundsatzfrage aus und lehnte den Wunsch des Bruders ab, begründet mit fehlenden Etatmitteln. Zu dieser Zeit waren in der britischen Marine die Laufbahnen der See- und Ingenieuroffiziere bereits integriert, Ingenieuren stand dort der Rang eines Flaggoffiziers offen. Der Staatssekretär im Reichsmarineamt mußte sich mehrfach mit den Freisinnigen im Reichstag herumschlagen, weil sie sich, gebeten oder nicht, zum Sprachrohr der Forderungen der Ingenieure machten. Diese wünschten sich die Primareife für die Einstellung als Marineingenieuranwärter, Ölkadetten genannt, ferner eine Spitzenvertretung im Reichsmarineamt und die Einrichtung einer Maschineninspektion als Aufsichts- und Entwicklungsbehörde. Eifersüchtig wachte Tirpitz darüber, daß nicht zu viele Marineingenieure auf die Technische Hochschule kommandiert würden, um die wenigen Seeoffiziere mit akademischem Grad nicht zu überflügeln (Herwig).

Der technisch sehr interessierte Prinzadmiral zeigte in seiner Einstellung zum Ingenieurkorps, das 1872 gegründet worden war, eine gespaltene Haltung. Fachlich wollte er das Korps anspornen, gesellschaftlich hielt er es auf Distanz. Er schrieb an Tirpitz: „Die Seeoffiziersschärpe ist ein Abzeichen, auf dessen Verleihung an die Ingenieure ich den größten Wert lege zur Hebung des Standesbewußtseins eines Korps, an dessen moralische und physische Eigenschaften dauernd die höchsten Anforderungen gestellt werden müssen und welche meines Erachtens jenen des Seeoffizierkorps an die Seite zu stellen sind.“ Tirpitz schrieb an den Rand: „Das ist die Frage.“

Diesmal entschied der Kaiser gegen Tirpitz im Sinne des Bruders. 1908 setzte die „Hohenzollern“ das folgende Signal:

„Das Lob, welches die Frühjahrsberichte der Flotte für das Maschinenpersonal enthalten, veranlaßt Mich im weiteren Verfolg Meiner Manöverordre vom letzten Herbst den Marine-Ingenieuren die Schärpe zu verleihen. Wilhelm I.R." In der schriftlichen Ausführung heißt es „Mögen die Marineingenieure durch das neue Abzeichen immer an Mein persönliches Wohlwollen erinnert werden." Wilhelm, ein Freund der opernhaften Geste, schnallte seine eigene Schärpe ab und legte sie dem leitenden Ingenieur der „Hohenzollern" um. Die Schärpe wies die Ingenieure als „Frontoffiziere" aus, vorher war ihr Kombattanstatus fraglich gewesen. Den Samtkragen zur Unterscheidung von den Seeoffizieren behielten sie bis Kriegsende, und der Dolch als Interimswaffe, 1901 von den Russen für die Seeoffiziere übernommen, blieb ihnen versagt. Im Marine-Offizierskasino und im Kaiserlichen Yachtclub durften sie nur außerordentliche Mitglieder ohne Stimmrecht sein.

Prinz Heinrich fragte den Chef des I. Geschwaders, wie seiner Meinung nach die gesellschaftlichen Beziehungen zwischen den beiden Korps zu handhaben seien. Der Prinz befürwortete den kameradschaftlichen Umgang der Männer an Bord, nicht aber den Verkehr mit den Ingenieursdamen an Land. Er verwahrte sich offiziell gegen den Austausch von Visitenkarten zwischen Angehörigen der beiden Korps, weil dadurch die gesellschaftlichen Unterschiede zwischen See- und Ingenieuroffizieren verwischt würden. Er war sich nicht bewußt, daß er damit die Ingenieuroffiziere auf die Ebene von Deckoffizieren herabdrückte.

Die Ingenieurfrage ist nur eines der Beispiele für die Bestrebungen, die Seeoffiziere als Elitekorps zu erhalten, jeder Vermengung von Oberschicht und Mittelstand Einhalt zu gebieten. Die Seeoffiziere sollten sich nach Tirpitz' Willen nur aus „erwünschten" Familien rekrutieren. Söhne von Gutsbesitzern, hohen Beamten und Offizieren, die die Zuschüsse für Kasino und Equipierung mühelos aufbringen konnten, waren der Seekadetten-Annahmekommission willkommen. Der Kaiser konnte sogar persönlichen Dispens vom Erfordernis der Primareife erteilen, wie das Beispiel von Graf Luckner zeigt. In der bayrischen Armee wurde für Offiziersbewerber schon seit 1872 das Abiturientenexamen gefordert. Im preußischen Heer wurden seit 1900 Fahnenjunker mit Reifezeugnis bei der Beförderung zum Offizier mit zwei Jahren vorpatentiert (Herwig).

Als der Chef des Marinekabinetts diese Regelung für die Marine übernehmen wollte, wurde ihm vom Prinzen Heinrich entgegengetreten. Obwohl er an sich selbst erfahren hatte, wie bedenklich eine mangelhafte Schulbildung sei, äußerte er zu seinem Bruder, Admiral v. Müller ruiniere mit der Bevorzugung von Abiturienten das ganze Offizierkorps. Künftig würden sich nur noch Schlachtersöhne melden. Nun war von Bevorzugung keine Rede. Müller wandte sich umgekehrt gegen die Belohnung der unzureichend Gebildeten, wenn durch die Vorpatentierung kein Ausgleich geschaffen würde. Die Kontroverse gipfelte in den Positionen „Herkunft" oder „Schulwissen", „Charakter", wie er verstanden wurde, oder „Bildung".

Als Flottenchef befragte Heinrich die Kommandanten und faßte das Ergebnis zusammen. Die vorgesehene Regelung erzeuge nur „Zwiespalt und Unzufriedenheit" im Seeoffizierkorps. Die Marine habe ohnedies zu viele „feder- und wortgewandte" Offiziere. Ihm sei mehr an praktisch veranlagten Bewerbern gelegen. Der Kaiser, anfangs die Bedenken seines Bruders teilend, gab 1907 in einer „Allerhöchsten Kabinettsorder" dem Drängen v. Müllers statt. Von der Crew 1909 an wurden die Abiturienten bei der Beförderung zum Oberleutnant z. S. um ein Jahr vordatiert, Bedingung war allerdings die Note „gut" bei der Seeoffiziershauptprüfung. 1914 besaßen

27

90 Prozent der Seekadetten das Abiturientenzeugnis, 1894 waren es nur 40 Prozent gewesen (Herwig).

1907 durfte Prinz Heinrich dem Zaren die Flotte auf der Reede von Swinemünde vorführen. Eine Gefechtsübung aller Linienschiffe schloß sich an, sie bekämpften einen durch Kreuzer dargestellten Gegner. Höhepunkt war der Durchbruch von 22 Torpedobooten durch die Linie. Der Zar gab bei einem Diner auf seiner Yacht „Standard“ der Bewunderung für die Leistungen der deutschen Flotte Ausdruck, der Kaiser versicherte, das Gezeigte sei durch Arbeit und Pflichttreue erzielt, er hoffe, daß es dem Zaren gelingen werde, sich auf gleiche Weise Ähnliches zu schaffen. Das sagte er allen Ernstes zwei Jahre nach Tsushima dem mit Frankreich eng verbündeten Russen in schulterklopfender Manier.

Zu Familienfesten in St. Petersburg delegierte der Kaiser meist seinen Bruder, der dem Zaren einen Brief an den „liebsten Nicky“ zu überbringen hatte. Heinrich liebte seinen Schwager Nikolaus II. aufrichtig. Da reizte es Wilhelm, dem Bruder gegenüber Nicky als „Schlappier“ und „Jammerhuhn“ niederzumachen. Heinrich wandte sich verletzt ab. Der Reichskanzler fragte den Kaiser, ob er nicht befürchten müsse, daß Heinrich solche Despektierlichkeit der Prinzessin Irene, der Schwester der Zarin, anvertraue. Ein Wort der Geringschätzung des Zaren könne Hunderte von Aufmerksamkeiten zunichte machen. Der Kaiser ereiferte sich: „Nur Ich soll immer mit einem Papagenoschloß vor dem Mund herumlaufen, sogar in Gesellschaft Meines einzigen Bruders“ (v. Bülow I).

Zur Geburt des russischen Thronfolgers Alexejew überreichte Heinrich für das Patenkind Wilhelms II. einen goldenen Becher, „da sich“, wie der Bruder schrieb, „der Durst eines Mannes nicht immer bloß mit Milch stillen läßt“. Heinrich selbst war kein Verächter eines guten Tropfens. Dennoch hatte es der radikale Abstinenzler Admiral v. Müller vermocht, den Prinzen zur Übernahme des Protektorats der Guttemplerloge zu bewegen. Pflichtschuldig warnte Heinrich die Besatzungen: „Im Becher ersaufen mehr Seeleute als in der See." Heinrichs Geschwaderchef, Vizeadmiral Ludwig v. Schröder, rieb sich am Chef des Marinekabinetts, in dem manche Seeoffiziere einen Pazifisten erblickten: „Ein nationaler Säufer ist mir lieber als ein internationaler Abstinenzler."

1909 trafen Kaiser und Zar erneut im Finnischen Meerbusen zusammen. Die Zarin fragte v. Müller besorgt, wie sich der Kaiser die weitere Verwendung ihres Schwagers Heinrich denke, er habe ihn wohl absichtlich so schnell avancieren lassen. Müller machte Alexandra wenig Hoffnung. Der Prinz müsse das von ihm so geliebte Flottenkommando noch in diesem Jahr aus der Hand geben. Müller hatte den Nachfolger, den Heinrich so verhaßten Holtzendorff, bereits avisiert.

Heinrich brachte dem Chef des Marinekabinetts zu allen Zeiten offenes Vertrauen entgegen, der verschlossene v. Müller erwiderte es nicht jedoch mit gleichem. Aus seinen Tagebüchern geht hervor, daß er Heinrich höhere Befähigung absprach. Bei seinem von Intriganz nicht freien Jonglieren mit den Spitzenpositionen der Marine verschanzte sich v. Müller hinter dem angeblichen Willen des Kaisers: „Seine Majestät sähen es als Bedingung für eine sachgemäße Entwicklung der Marine an, daß der Staatssekretär im Reichsmarineamt, der Flottenchef und der Chef des Admiralstabes von Flaggoffizieren besetzt sind, deren persönliche Beziehungen Gewähr für eine Gemeinsamkeit der Arbeit böten" (Görlitz). Sollte damit Heinrich der Weg in den Admiralstab verbaut werden, weil seine Ablehnung Holtzendorffs, des künftigen Flottenchefs, bekannt war? Der Admiralstab hätte unter Heinrich sicherlich an Gewicht gewonnen, um so mehr, als die begrenzten Aufgaben dieser Marineinstitution seiner Natur nicht lagen.

Des Kaisers ständige Sorge, durch v. Müller begreiflicherweise geteilt, kreiste um die Möglichkeit, daß eine der Immediatstellen ihm praktisch das Oberkommando aus der Hand winden könnte. So wünschte Wilhelm, die Autorität des Generalinspekteurs der Marine zurücktreten zu lassen, „weil derselbe stets auf das Oberkommando losginge". Diese Gespensterfurcht war bei Ludwig v. Koester, seit 1905 Großadmiral, ganz unangebracht. Koester war ein Troupier, ein Mann der praktischen Seemannschaft, der am liebsten Admiralstab und Marineakademie aufgelöst hätte, gefürchtet nur wegen seiner Ausdauer bei Besichtigungen. Heinrich löste ihn 1909 ab und wurde zum Großadmiral und zum Generalobersten im Range eines Feldmarschalls befördert. Der Kaiser brauchte sich in seiner Loyalität nicht zu täuschen.

Der Kabinettschef hatte Überlegungen angestellt, dem Prinzen zunächst einen Dienstgrad verleihen zu lassen, der dem eines Generalobersten im Heere entspricht. Er schlug vor: Admiralkapitän oder nach russischem Vorbild Generaladmiral, wie von Hitler später für Raeder eingeführt, oder nach englischem Muster Flottenadmiral. Der Kaiser ging auf diese Vorschläge nicht ein (B/M).

Vor seinem Abschied als Flottenchef versammelte der Prinzadmiral 12 Linienschiffe und 8 Kreuzer in der Apenrader und Genner Bucht zu einem großen Manöver. Gegen einen von Norden anrückenden Gegner sollte die Stadt verteidigt werden. Zur Unterstützung der örtlichen Garnisonen wurde ein Landungskorps von 4000 Mann ausgeschifft und zum fröhlichen Marinebuschkrieg eingesetzt. Zu Pferde führte der Prinz die gemischte Truppe siegreich. Zahlreiche Gäste kamen in Sonderzügen bis von Hamburg her angereist, um dem Schauspiel beizuwohnen. Das ganze wurde zum Volksfest. Dem Bürgermeister von Apenrade versicherte Heinrich: „Ihre Stadt ist die schönste im ganzen Land" (Faaborg).

Heinrich war der Abschied von der Flotte sehr schwergefallen, er haderte mit seinem Geschick. Jede einzelne Teilnahme an Flottenübungen mußte künftig vom Kaiser erbeten werden. Der neue Flottenchef v. Holtzendorff sperrte sich gegen die Besuche des Prinzen, „die tatsächlich zu dem Verhältnis führen könnten, daß der Generalinspekteur eine Zwischeninstanz zwischen dem Flottenkommando und dem Obersten Kriegsherrn bildet". Ein weiteres Beispiel für die Rivalität der Immediatstellen.

Rückblickend schrieb Prinz Heinrich an den Kabinettschef: „Im Jahre 1909 wurde mir, als ich um Verlängerung meines Kommandos bat, zur Antwort, ein solches Kommando würde prinzienmäßig nur auf drei Jahre vergeben, im übrigen möchte ich mich trösten, denn bei einer Vergrößerung der Flotte durch ein drittes Geschwader würde die Stellung eines Flottenchefs meinem militärischen Rang wieder würdig." Heinrich beklagte sich, daß der Nachfolger drei Jahre bliebe, er sei bereit „in die Bresche zu springen... Ich glaube behaupten zu dürfen, daß die Flotte sich dabei nicht schlechter als jetzt stellen wird." Prinzessin Irene schrieb in gleichem Sinn einen herzzerreißenden Brief an ihren Schwager, den Kaiser. Der Kabinettschef widerriet seinem Dienstherrn, darauf einzugehen, „weil in den Kreisen der älteren Seeoffiziere, welche S.K.H. als Flottenchef kennen gelernt haben, eine erneute Verwendung S.K.H. in dieser Stellung als nicht im dienstlichen Interesse liegend angesehen wird. Die gesamte Veranlagung des Prinzen und sein Vermögen, erzieherisch zu wirken, (wird) nicht so hoch eingeschätzt, wie es Bedingung für erfolgreiches Wirken als Flottenchef ist" (B/M).

1912 notierte v. Müller, der Kaiser habe schon des Prinzen mangelndes Interesse als Chef der Marinestation der Ostsee gerügt, weil ihm die Bürotätigkeit nicht behage. Feder und Tinte seien nicht seine Freunde, spielten jedoch für einen

Flottenchef eine bedeutendere Rolle als Fernrohr und Signalbuch auf der Brücke.

Die Meldung des neuen Generalinspekteurs beim Kaiser, vorgesehen auf der Freitreppe des Kieler Bahnhofs, wurde durch einen Studentenulk entweiht. Einige Kommilitonen hatten den unrasierten Stadttrottel Hein Pieper, der sonst einen Leierkasten im Kinderwagen schob, in eine Großadmiralsuniform gesteckt und führten den verdatterten Mann Wilhelm oder Lehmann, wie der Kaiser in Arbeiterkreisen genannt wurde, unversehens vor die Füße. Der Wortlaut der Meldung Heinis alias Prinz Heinrichs ist nicht überliefert. Wilhelm machte gute Miene zum bösen Spiel (Mähl).

Als Tirpitz 1913 dem Kaiser vorschlug, den Generalinspekteur ausdrücklich mit der Besichtigung der Schießübungen der Flotte zu beauftragen, ließ v. Müller erneut den Flottenchef dagegen Einspruch erheben. Der Kaiser verschob die Entscheidung; mit Ausbruch des Krieges wurde das Amt des Generalinspekteurs gegenstandslos.

Heinrich hatte sich in der neuen Stellung nicht zu überarbeiten, ihm blieb viel Zeit für seine Steckenpferde, den Automobilsport, das Fliegen, Segeln und die Musik. Bis zur Allgemeinen Luftfahrtausstellung 1909 in Frankfurt am Main hatte man sich in Deutschland für das Luftschiff entschieden und den Flugzeugbau vernachlässigt. In diesem Jahr nannte der Kaiser den General Graf Ferdinand v. Zeppelin den größten Deutschen des Jahrhunderts, das doch erst neun Jahre zählte. Eine Nationalspende von sechs Millionen Mark ermöglichte die Gründung der Luftschiffbau-Zeppelin GmbH in Friedrichshafen. Heinrich nahm an mehreren Flügen der ersten Starrluftschiffe teil, 1909 auch in Begleitung der Prinzessin Irene. Graf Zeppelin wollte ihn sogar zu einer Überquerung des Nordpols mitnehmen, doch nur bis Spitzbergen flog Heinrich mit.

Der Prinz, der als Bastler viel Verständnis für technische

Erfindungen besaß, entdeckte in einer Halle der Ausstellung das erste deutsche Flugzeug, von dem Fahrradfabrikanten August Euler, in der Weimarer Republik später Unterstaatssekretär für das Luftfahrtwesen, dem französischen Voisinapparat nachgebaut. Während Franzosen und Belgier mit ihren Flugzeugen schon eine Stunde in der Luft blieben, konnte Euler sich nur acht Minuten über der Erde halten. Als in der Zeitschrift „Flugsport“ das erste französische Kampfflugzeug mit einer Bordkanone abgebildet war, sagte Heinrich resignierend: „Aus Lilienthals Traum, sich den Vögeln gleich in die Luft zu schwingen, ist eine Waffe geworden“ (v. Arnauld).

In der „Allgemeinen Automobilzeitung“ hat der Prinz sympathisch bescheiden geschildert, wie er das Fliegen bei Euler erlernt hat, die Beklemmung vor dem ersten Start in der einsitzigen Lehrmaschine. Als 37. Deutscher bestand er die Pilotenprüfung. 1912 rief er zu einer nationalen Flugzeugspende auf, die im ersten Halbjahr 7 Millionen erbrachte. Dann schrieb auch sein kaiserlicher Bruder einen Wettbewerb zur Entwicklung deutscher Flugmotoren aus. Heinrich veranstaltete Zuverlässigkeitsprüfungen und hatte erheblichen Anteil daran, daß der Vorsprung der Franzosen in der Fliegerei aufgeholt wurde. Als Ehrenvorsitzender der Wissenschaftlichen Gesellschaft für Luftfahrt hat er sich aktiv an allen Symposien beteiligt und oft in die Diskussion eingegriffen. Er behielt dieses Ehrenamt bis 1927. Sein besonderes Interesse galt naturgemäß den Wasserflugzeugen und der Seefestigkeit ihrer Schwimmer.

Nach dem Zusammenbruch 1918 blieb er der Fliegerfamilie und ihrer Parole „Es wird weitergeflogen“ treu. An allen Segelflug-Wettbewerben auf der Wasserkuppe in der Rhön nahm er teil, anfangs mit Gummiseilstart, später eröffnete Fieseler mit dem Schleppflug neue Aussichten. Der schlichte Sportsmann mit dem Spitzbart gesellte sich wie selbstverständlich zu den Hochschulgruppen, die auf der Rhön ein Lager unterhielten. Noch heute wird jedes Jahr dem besten Geschwader der Luftwaffengruppe Süd vom Befehlshaber ein „Prinz-Heinrich-Preis" verliehen.

Gesegelt hat Heinrich von Jugend auf. 1881 nahm er mit seiner Gig an der ersten Kieler Segelregatta teil. Im Laufe der Jahrzehnte hat er unzählige Preise gewonnen und mehrere gestiftet. 1886 erbat er von seinem Großvater die Genehmigung, einen „Yachtclub Hohenzollern" gründen zu dürfen. Der Chef der Admiralität, General v. Caprivi, hielt die Segelei für ein überflüssiges Spielzeug der Seeoffiziere. Auf sein Votum hin verweigerte der alte Kaiser die Zustimmung. Der Kieler Stationschef, ein Vizeadmiral, setzte sich in dieser Frage an die Spitze einer Fronde gegen Caprivi. Im Jahr darauf wurde der Marine-Regatta-Verein gegründet. Der Vorstand richtete an Heinrich ein Schreiben, aus dem seines unterwürfigen Charakters wegen hier zitiert wird:

„Durchlauchtigster Prinz!/

Gnädigster Prinz und Herr!/

Eurer Königlichen Hoheit beehrt sich der Vorstand des Marine-Regattavereins ehrfurchtsvoll mit der unterthänigsten Bitte zu nahen, das Protektorat des Vereins gnädigst übernehmen zu wollen ... In tiefster Ehrfurcht verharren die unterthänigst Unterzeichneten."

Der fünfundzwanzigjährige Heinrich stimmte zu. Der Hofmarschall schrieb: „Höchstem Befehle zufolge beehre Euer Hochwohlgeboren ich mich von dieser Höchsten Entschließung ganz ergebenst in Kenntnis zu setzen." Das Mützenwappen des Vereins wurde von Heinrich eigenhändig entworfen, der Verein auf Heinrichs Vorschlag zum „Kaiserlichen Yachtclub" erweitert. Der Bruder übernahm die Rolle des Commodore und behielt sie über den Zusammenbruch von 1918 hinaus.

Als Vizecommodore war Heinrich der Organisator der Kieler Woche, seine kameradschaftliche Einstellung blieb unter Seglern unangefochten. Mit einer gewissen Skepsis blickte er auf den auch segelnden Bruder. Wilhelm II. verstand eine ganze Menge von der Marine, ein Seemann war er schon wegen seiner Anfälligkeit für Seekrankheit nicht. Unbedingt wollte er selbst ans Ruder der „Meteor" heran, verkürzte, um Zeit herauszuholen, den Bogen und rammte prompt die Wendeboje. Prinz Heinrich schüttelte den Kopf. Beim Sport und nur beim Sport verließ ihn die unbesehene Verehrung des Bruders.

Trotzdem ehrte er ihn beim fünfundzwanzigjährigen Gründungsjubiläum in einer Tischrede: „Wenn es Ew. Majestät nicht immer gelungen sein sollte, als Erster durchs Ziel zu kommen, so möchte ich darauf aufmerksam machen, daß Ew. Majestät unser Lehrmeister waren und Sich Ew. Majestät Schüler zu eifrigen und erfolgreichen Konkurrenten erzogen haben." Wilhelm verwies auf seine Lehrmeister, die englischen Kapitäne und deren Crews.

Nach dem Kriege segelte Heinrich mit seiner Kreuzeryacht „Ayescha" weiter und errang bei 16 Starts 11 Preise. Während die meisten Yachteigner zur Nacht das Hotel aufsuchten, schlief Heinrich wie die Besatzung, vorwiegend ehemalige Seeoffiziere, an Bord. 1926 gewann der 64jährige mit einem 30-qm-Schärenkreuzer in Sandhamm den Pokal der schwedischen Königin. Es war das erste internationale Auftreten deutscher Segler nach dem Kriege.

Im Kieler Schloß und später auch auf Hemmelmark wurde viel musiziert. Heinrich spielte Violine, Irene begleitete ihn am Flügel. Der Prinz spielte auch im Quartett des Seeoffizier-Musikvereins, die Marinemusikkorps erfreuten sich seiner Gunst. Neben dem Segel- und Motorsport aller Art liebte Heinrich das Wandern.

Über die Tätigkeit des Prinzadmirals als Generalinspekteur der Marine gibt es wenig zu berichten, sie beschränkte sich auf Anregungen und Repräsentation der Marine nach außen. 1912 hielt Tirpitz in Gegenwart Heinrichs dem Kaiser einen vierstündigen Vortrag über Neukonstruktionen im Schiffbau und die damit verbundenen Haushaltsfragen. Prinz Heinrich verwendete sich für einen neuen Typ, das Torpedobatterieschiff. Die Hauptdeckarmierung sollte statt aus Geschützen aus Torpedorohren bestehen. Tirpitz verwarf den Vorschlag. Es ist bezeichnend für das erstaunliche Gedächtnis des Kaisers, daß er sehr bald nach dem Rücktritt von Tirpitz den Nachfolger, Admiral Eduard v. Capelle, beauftragte, den Bau eines gepanzerten Torpedokreuzers in Angriff zu nehmen.

1912 lud der amerikanische Botschafter in Berlin einen deutschen Flottenverband zum Besuch der Vereinigten Staaten ein. Der Kaiser dachte sogleich daran, daß sein Bruder, der vor zehn Jahren so erfolgreich für die deutsche Sache missioniert hatte, den Verband führen könnte. Der Kabinettschef, Admiral v. Müller, brachte als Einwand vor, ein Großadmiral sei für diese Mission zu hoch im Rang, und ein Prinz v. Preußen kompliziere den Besuch für die amerikanische Marine. Verärgert reduzierte der Kaiser das Kontingent auf einen Panzerkreuzer und wenige Schulschiffe. Sie ließen sich Heinrich besten Willens nicht antragen. Zu v. Müller sagte der Kaiser: „Das ist echt deutsch, überall Bedenken sehen, so daß man nicht zum Handeln kommt."

In der Regel erörterte der Kaiser Marinefragen mit den versammelten vier Spitzenvertretern: den Chefs des Admiralstabes und der Hochseeflotte, dem Staatssekretär im Reichsmarineamt und dem Prinzen Heinrich. Als es einmal um die Dislokation der Seestreitkräfte zwischen Nord- und Ostsee ging, sobald die Erweiterung des Kaiser-Wilhelm-Kanals und seiner Schleusen abgeschlossen wäre, faßte der Kaiser v. Müller gegenüber das Resultat zusammen: „Nun bringen Sie mal die Ansichten von vier Seeoffizieren unter einen Hut" (Görlitz).

Die Autorität des Kaisers war zumindest in Friedenszeiten bei der Marine bis in die obersten Stellen unbestritten, im Kriege wich sie zögernder Unsicherheit, und Heinrich tat das Seine, um sie zu mehren. Wilhelm wachte eifersüchtig darüber, daß außer seinem Bruder Heinrich und seinem dritten Sohn Adalbert kein deutscher Bundesfürst die Uniform eines Seeoffiziers trug. Ein entsprechender Wunsch des Großherzogs Friedrich August v. Oldenburg, der sich als Skipper immerhin das Patent auf Großer Fahrt erworben hatte, wurde mehrfach abgelehnt, bis er beim Stapellauf des Linienschiffs „Oldenburg" (24) nicht mehr ausgeschlagen werden konnte.

Der Kaiser begrenzte den Einfluß seines Bruders auf die Marine, allenfalls beauftragte er ihn mit der Vertretung des Hauses Hohenzollern, nicht aber mit der Wahrnehmung politischer Aufgaben, weil er Heinrich für zu gutgläubig hielt, ihm den Durchblick nicht zusprach. 1912 hatte Heinrich dem Bruder über die Ansicht Georgs berichtet, der hielte die Zusammenarbeit der beiden Auswärtigen Ämter für „better than it has been since years" (B/M). Heinrich war noch 1912 fest überzeugt von der britischen Neutralität in einem Kriegsfalle, der Kaiser beurteilte das Verhalten der Regierung in London skeptischer. Sehr selten zog Wilhelm seinen Bruder ins Vertrauen. So telegraphierte er ihm 1909, als der Reichskanzler Fürst v. Bülow entlassen wurde: „Ich habe Bülow verziehen, nachdem er mich unter Weinkrämpfen um Verzeihung gebeten hat." Heinrich nahm es, wie alles, was vom Bruder kam, für bare Münze.

Aus dem Jahr 1912 ist ein bisher unveröffentlichtes Konvolut Privatdienstbriefe Heinrichs an den Kaiser (B/M) erhalten, die sehr anschaulich zeigen, wie Heinrich sich seinem Bruder und der deutschen Sache dienstbar zu machen suchte. Zwischen den Zeilen liest man eine gewisse Unsicherheit des Schreibenden heraus, ob er immer richtig gehandelt habe und den Anforderungen des Empfängers nach Information auch genüge. Diese 14 Briefe mit zusammen 37 Seiten sind von Heinrich selbst getippt und von Hand mit der ständig gleichen Formel „Dein stets treust gehorsamer Bruder Heinrich" gezeichnet worden. In den folgenden Auszügen wurde die Orthographie beibehalten, die zahlreichen Tippfehler jedoch gebessert. Die Briefe reichen vom 24. August auf der Sibirischen Bahn bis zum 23. Oktober 1912 aus Tsingtau.

„Die Wolga wurde bei Dunkelwerden, zwischen 7 & 8 Uhr am Abend des 22.ten überschritten und war es noch möglich den bedeutenden Strom mit seinen riesigen Holzflössen und sonstigem Schiffahrtsverkehr zu beobachten. – Reihen von Oeltanks, sowie Waggons mit solchen beladen, lassen den Reichthum an diesem Produkt erkennen, welches zu Wasser vom Kaspischen aus, Wolga aufwärts hierher geführt wird. – Reichthum – ja, man kann gewiss ohne Übertreibung sagen Schätze sind in diesem Riesenkontinent vorhanden, die dem russischen Reiche eine gesicherte Zukunft garantiren müßten. – Wo bleibt aber der Erlös dieser Reichthümer? – In wessen Taschen fließt er? – Schwerlich in jene der armseligen Bevölkerung, die mag sie auch noch so unbedürftig und anspruchslos sein, einen erbärmlichen verkommenen und vernachlässigten Eindruck macht. – Auch Truppen, die wir auf dem Manövertransport im europäischen Rußland antrafen, machen in Kleidung und Haltung einen wenig vortheilhaften Eindruck, dahingegen, wie immer, sieht das Gendarmeriekorps ausnahmslos hervorragend gut aus und ist in großen Mengen vorhanden... Beamte und Personal sind durchweg höflich, nur etwas hinderlich, wenn man die durchaus nöthige Bewegung sich zu machen sucht auf einer Station, wo man von den

Männern des Gesetzes meist wie ein Sträfling umringt wird. – Eine Kompensation suche und finde ich darin, daß ich lange Strecken auf der Lokomotive mich durchrütteln lasse. – Dieser Brief soll westwärts wandern von der Station Petropav=Iovak, er bringt den ersten Gruß Deiner ‚Mission', die harmonisch zusammengesetzt, wohlauf ist und sich des in sie gesetzten Vertrauens, dessen Du sie gewürdigt hast, mit Stolz erfreut."

Tomsk, 25. 8.

„Soeben hatten wir einen einstündigen Aufenthalt in Nowo-Nikolayewsk, am Ob gelegen, ehemals vor 16 Jahren ein elendes Dorf, jetzt eine ‚Stadt' von 60 000 Einwohnern. – Als Nicky auf seiner Rückkehr von Ostasien Sibirien etwa dort durchquerte, wo jetzt die Bahn läuft, erreichte er jenes Dorf am Ob und soll erklärt haben, hier müsse eine Stadt erwachsen in Verbindung mit der damals projektirten Bahn. – Sie ist erstanden und trägt seinen Namen. – . . . Die Bahn wird jetzt begonnen. – Unermeßliche Reichthümer sind in diesem Reich vorhanden, theils gehoben, theils schlummernd, aber eine Urkraft für die Zukunft bedeutend, besonders dann, wenn die projektirten Bahnen ausgebaut sein werden. – Mir wird jetzt klar, weshalb manche Russen, die ihr Land kennen, mit Geringschätzung auf Westeuropäer blicken. Sibirien ist das Rückenmark! – Mag sein, daß die Bevölkerung ärmlich und heruntergekommen aussieht, mag sein, daß auch der Sommer kurz und der lange Winter hart zu ertragen ist, ‚das', oder ‚ein' Land der Zukunft scheint es mir doch zu sein! – Wir passirten vor einer Stunde Truppen (Infanterie & Feldartillerie), etwa in Stärke einer gemischten Brigade, welche zu beiden Seiten der Bahn unter Benutzung von niedrigen Zelten lagerten; manch Compagniechef würde die Hände ringen beim Anblick dieser anscheinend schlecht uniformirten Mannschaften, manch Reichstagsabgeordneter würde über Herabsetzung der ‚Menschenwürde‘ sich vernehmen lassen, trotzdem machen diese Soldaten einen ebenso kriegerischen wie anspruchslosen Eindruck. – Immer dasselbe Bild: der Mann marschbereit, bekleidet mit Litewka und Mütze, das Bajonet aufgepflanzt, ein Lederkoppel um die Lenden, – anscheinend bedürfnislos, seiner Umgebung angepaßt. – Fürwahr das Bild des Feldsoldaten! – Wären Offiziere und Heerführer ihren Aufgaben gewachsen, es wäre ihnen schwer zu widerstehen! – Der russische Soldat, der russische Eisenbahningenieur, der deutsche Kaufmann sind Jene, welche Sibirien aufgeschlossen haben und noch weiter aufschließen; der russische Beamte & Pope dahingegen wollen als Widerstände mit bei diesem Werke erscheinen. –“

Irkutsk, 28. 8.

„Das goldführende Gebiet befindet sich nördlich des Baikalsee's in einem Dreieck, im Westen berenzt durch die Lena, im Osten durch den Vitim-Fluss, welcher nicht später mit der Lena vereinigt, und im Süden durch die Nordspitze des Baikalsee. – Jährliche Produktion soll betragen: 1000 russ. Pud pro Jahr, gleich einem jährlichen Einkommen von 1600 Millionen Rubel. – Als Arbeiter werden nur Russen aus europäisch Rußland, oder solche aus Westsibirien, welche man dorthin zu ‚ziehen‘ wusste, da die eingeborenen Nomaden gänzlich zur Arbeit untauglich sind, verwandt. – Sei es nun, dass diese Arbeiter unzufrieden waren mit den verabfolgten Löhnen, sei es dass ihre Hoffnungen auf Erwerb getäuscht waren, oder dass endlich Mengen gefundenen Goldes widerrechtlich von ihnen angeeignet wurde, genug es kam zu heftigen Differenzen, welche zu schlichten, dem Gendarmerieoffizier vom Platz oblagen. – Dieser soll dann kurzen Prozess gemacht und 2–300 der Unglücklichen erschossen haben. – . . . Über die Besitz- oder Hoheitsrechte in der Mandschurei, bzw. Mongolei etwas Definitives zu erfahren ist außerordentlich schwer. – Zunächst besteht der bestimmt formulirte Vertrag bezüglich des Eisenbahngebietes mit China, wenngleich die Russen sich als Herren fühlen wozu sie moralisch, meines Erachtens volles Recht haben, zumal sie durch Vollendung... Verzeih – 12 Uhr 45 a. M. ... Soeben entgleist der Zug, nach Passiren des Tunnels, welcher westlich von Chita Europa von Asien trennt! Wir haben glücklicher Weise eben eine Brücke hinter uns – wäre das Entgleisen früher erfolgt, so ist es fraglich ob ich noch an der Schreibmaschine sässe. – Die Wagen sind, in der Fahrtrichtung gedacht, rechts aus den Schienen, die auseinandergebogen sind, verletzt wurde Niemand, außer einem Zugbeamten, der thörichterweise absprang. – Aus Chita soll Hülfe kommen. – Wetter schön und warm. – Ursache nach Ansicht der Europäer: mangelhafter Oberbau, schlechte Schwellen, nach Ansicht der Russen zu schnelles Bremsen der beiden Lokomotiven, die uns mit ziemlicher Fahrt um eine Kurve schleppten; der Speisewagen ist vom vorderen Gepäckwagen losgerissen, die automatische Bremse funktionirte anstandslos. – Sehr angenehm ist ein Fahren neben den Schienen nicht. – In zwei Stunden war Hülfe von beiden Seiten zur Stelle und telephonische Verbindung hergestellt. – Mit Hülfe von Wagernhebern und sonstigen Gerätschaften wurden die Wagen theils auf Holzbohlen, theils auf die noch brauchbaren Schienen gehoben; zur Zeit da ich schreibe ist es 7 Uhr p. m., vor weiteren 10 Stunden dürfte an Weiterfahren nicht zu denken sein. – Die Arbeiter arbeiten, trotz einer ungeheueren Menge von Beamten und ‚Sachverständigen' sehr gut und ist eine gewisse Übung im Geschäft unverkennbar. – Vor 15 Tagen soll östlich Chita ein gleiches Unglück sich ereignet haben. – Mein vorher unterbrochener Satz sollte weiter lauten: ‚dieses Kulturwerkes erster Ordnung sich ein Verdienst um die Menschheit erworben haben'. – Nun wird aber dieses Kulturwerk einer Revision unterzogen werden müssen! –“

Chita, 29. 8.

„Mit geradezu erstaunlichem Eifer, Umsicht und Gewandtheit vollendeten die Bahnarbeiter ihr schwieriges Werk gegen 1 Uhr Nachts, heller Mondschein, sternklare Nacht, zahllose Lagerfeuer, theils von den Passagieren, theils von den Arbeitern angezündet, verliehen der Situation eine gewisse Romantic. – Als, nach der Entgleisung sich herausgestellt hatte, dass Niemand zu Schaden gekommen war, trat der Rassenunterschied der einzelnen Nationalitäten klar zu Tage: die chinesischen Mitreisenden waren die wenigst beherzten, trotzdem sie ihre Erziehung in Europa genossen hatten, Engländer und Amerikaner improvisierten ein Kricketmatch, die Deutschen setzen sich zum Skat nieder, wobei Eisenbahnschwellen ihnen zum Tisch dienten! –"

S.M.S „Scharnhorst" o. D. (Eingang beim Kaiser 12. 9., d. Verf.)

„Tsushima scheint doch nicht jene Lehren der russischen Marine beigebracht zu haben, deren sie bedarf um an Leib und Seele zu erstarken. Von allen Völkern dieser Erde ist mir das russische stets das unverständlichste geblieben, die besten Eigenschaften gehen mit den aller schlechtesten Hand in Hand. – Sollte im russischen Reiche einmal eine tiefgreifende soziale Reform in kommenden Jahren, in Gestalt einer ernsten Revolution eintreten, so wird sich das Volk, meinem Empfinden nach mit Recht, einstmals furchtbar an den ‚oberen 10000' rächen. –"

Gelbes Meer, 3. 9.

„Je mehr wir uns Tsingtau nähern, desto mehr scherzhafte Anekdoten erfahre ich, so z. B. Folgende: Vor einiger Zeit soll der Leuchtthurmwärter von Tschalientau (die der Einfahrt östlich vorgelagerte Insel) eine Eingabe an das Gouvernement gemacht haben in welcher er erbittet, entweder die Genehmigung zum Heirathen zu erhalten mit entsprechender Gehaltserhöhung, oder um Beigabe einer Japanerin um ihm beim Zeugflicken behülflich zu sein. – Das Gouvernement soll sich für letzteren Weg entschieden haben, um der Gehaltserhöhung aus dem Wege zu gehen. Ein weiteres Dönchen aus der sonst aufstrebenden Kolonie lautet folgendermaßen: ein Beamter wird mit der Bitte vorstellig eine, der Mädchenschule angehörige Lehrerin heirathen zu dürfen mit dem ausdrücklichen Zusatz, dass er bitte, diese Lehrerin in ihrer Stellung und somit in dem Genuss ihres Gehaltes zu belassen, da er für Nichteintreten einer Behinderung dieser Dame durch Familienzuwachs garantire! – Unter dieser Bedingung wird die Verbindung genehmigt, jedoch wird der Betreffende nach reglementsmässiger Zeit von 9 Monaten zum Kontraktbrüchigen; hierüber zur Rede gestellt, erklärt er es sei ein Versehen vorgekommen, das sich in Zukunft nicht wiederholen sollte!"

Tsingtau, 4. 9.

„Die Chinesenstadt Tapautau wurde durchfahren, und schon hier war ein reges Verkehrsleben zu bemerken; die Straßen des Chinesenviertels geräumig und sauber. – In der Mitte war eine Ehrenpforte errichtet, die Ältsten der Kaufmannschaft begrüßten mich mit einer Ansprache und einem Ehrentrunk, den ich entgegennahm, nachdem ich mich vorher versichert hatte, dass es kein Saki, sondern Rheinwein war! – Gegenstand der Ansprache war dass Du mich entsandt hättest, wobei Deiner als Herrscher eines mächtigen Reiches gedacht wurde, dass ferner man sich unter dem deutschen Schutz wohl fühle. –"

S.M.S „Scharnhorst", 6. 9.

„Geheimrat Paasche (Vizepräsident des Reichstages, d.

Verf.) war denn thatsächlich im höchsten Masse begeistert von der Kolonie und meinte das Schutzgebiet müsse dermassen befestigt werden, dass es – ‚uneinnehmbar' wäre! – Ich habe mir erlaubt diesen Enthusiasten darauf aufmerksam zu machen, dass hierzu einmal sehr viel mehr Geld gehöre, als er vielleicht anzunehmen geneigt sei, dass es aber ferner einer Nation, die nicht gescheut habe in monatelangen erbitterten Kämpfen, gegen eine starke Garnison, unter unerhörten Opfern ein Port Arthur niederzukämpfen, gelingen würde, trotz allen Widerstandes, sich in den Besitz Tsingtau's zu setzen, es wäre daher vielleicht vorzuziehen, wenn Gelder überhaupt liquide wären, solche zu Gehaltsaufbesserungen und sonstigen nützlichen Dingen für die Kolonie zu verwenden. Es ist sonderbar zu welch überraschenden Resultaten solche Herren kommen, wenn sie unvermittelt ein Erzeugnis vor sich sehen, welches, wie Tsingtau, jahrelangen Überlegens, Ringens und Arbeitens bedurft hat um es auch gegen Vorurtheile der Reichsboten zu dem zu stempeln, was es jetzt ist." Diesen Absatz hat der Bruder am Rand mit einem doppelten Ausrufungszeichen versehen. Sonst hat er die siebzehn Briefe seiner üblichen Marginalien kaum für wert befunden. Es folgen im Schreiben die vorgesehenen Besichtigungstermine im Ostasiengeschwader, jedes Schiff einzeln, nach der Rückkehr aus Tokio. Nur hier, 1912 in Ostasien, kam der Generalinspekteur der Marine einmal wirklich zum Zuge, weil die eifersüchtige Hochseeflotte fern war.

Tokio, 10. 9.

„Dann wurde der Zug bestiegen, der uns nach Tokio entführte, das in etwa 30 Minuten erreicht wurde. Zum Empfang waren anwesend: Der Kaiser (Joshihito, d. Verf.), eine kleine, fast kindliche, scheue Persönlichkeit, bei dem ich mich in Deinem Auftrag meldete, und dem ich die Herren meiner Suite vorstellte, worauf ein gleiches von seiner Seite stattfand, die Prinzen des Kaiserlichen Hauses, unter denen manch Bekannter war, die Generale, Admirale und Minister. – Alles sehr ordentlich aufgezogen. – Ferner stand unter präsentirtem Gewehr eine Kompagnie des 1ten Regimentes, in Khaki, ausserordentlich gut und stramm, jeder Mann sah mir gerade in die Augen, folgte mit diesen und konnte ich mich des Gefühles nicht erwehren, dass etwas Selbstbewußtes in den gelben Gesichtern dieser Repräsentanten einer tapferen Armee lag ... Legt man sich auf weiteres Beobachten, so muss man doch zu dem Resultat kommen, dass man es mit einer Nation zu thun hat, die genau weiss, was sie will und die bestrebt ist ihren Posten als Grossmacht auszufüllen, trotz aller Widerstände, die sich in den Weg stellen müssen. – Die japanische Nation wird sich ihre Stellung zu erzwingen wissen, sofern sie dies nicht schon gethan hat, mag man nun Sympathien für sie haben wollen, oder nicht. – Der südliche Theil der Mandschurei wird ihnen zufallen, eine Verständigung mit Russland auf diesem Gebiete scheint mir selbstverständlich. – Meines Erachtens thun wir gut, wenn wir den Japanern freundliche Höflichkeit zeigen, ohne sie politisch zu brüskiren. – Die Einmischung Deutschlands in den Simonoseki Vertrag (1895. Mit Frankreich und Rußland verkürzte Deutschland Japans Beute aus dem Chinakrieg, d. Verf.) ist hier zu Lande noch nicht vergessen und soll noch bis heute einen wunden Punkt bilden. – Meines Erachtens muss Deutschland in erster Reihe auf die Erhaltung und Entwicklung Tsingtau's bedacht sein, von welchem aus deutsche Interessensphären über Schantung und in das Innere China's sich von selbst ergeben werden, zumal an der Hand einer energisch durchgeführten Eisenbahnpolitik, die mit einer Gebietserweiterung nicht identisch sein dürfte. – Tsingtau hat das Interesse der Japaner geweckt, ob sie uns dieses Fleckchen Erde gönnen oder nicht, vermag ich zu dieser

Stunde nicht zu sagen, doch glaube ich, dass sie mit einem gewissen Neid die dortigen Fortschritte beobachten. – Ich habe stets auf dem Standpunkt gestanden und stehe noch heute auf demselben, dass die Besitzergreifung von Tsingtau ein Denkstein der Geschichte Deiner Regierungszeit ist und zu den, wenn nicht der bedeutendsten Deiner Regierungshandlungen gehört, die, wie ich weiss, Deiner persönlichen Initiative entsprang. – Wir wären ohne das Fleckchen chinesischer Erde gar nicht im Stande die Rolle im Osten zu spielen, und unsere Interessen zu verfolgen, wie wir es jetzt thun. –“

Tokio, 14. 9.

„Bald darauf gewahrte man den Sarg (Kaiser Mutsuhitos, d. Verf.),von 5 sorgfältig ausgewählten gelblich weissen und reich geschmückten Oxen gezogen. – Der Sarg, schön mit vergoldetem Lack bedeckt, befand sich auf einem mächtigen ebenfalls mit Lack reich verzierten alterthümlichen Karren auf zwei Rädern. – Das ganze Bild erinnerte an das Mittelalter, spärliche, aber ausreichende Beleuchtung, die Todesstille, nur das Rauschen der Gewänder hörbar, da die strohsandalene Fußbekleidung keinen Lärm macht, verliehen dem ganzen etwas Magisches. – Heute Morgen erfahren wir zudem, dass Nogi sich mit seiner Frau gestern Abend Punkt 8 Uhr, als ein Kanonenschuß verkündete, daß der verschiedene Souverän seine Residenz verliess, das Leben nahm um, alter Sitte gemäß seinem Herrn, dem er treu diente und dem er 2 Söhne vor Port Arthur opferte, – im Jenseits weiter zu dienen. – Dieser Vorgang hat selbst auf die Japaner einen tiefen Eindruck gemacht. Ich schickte sofort nach dem Palais und ließ dem Kaiser mittheilen, dass ich wüsste einen wie tiefen Antheil Du an dem Vorgang nähmest. – Nach einer Pause von einer Viertelstunde, begannen die rituellen Förmlichkeiten am Sarge, die in eintönigen Gesängen (Todtenklage) und Opfern bestanden, welch

Letztere mit viel Umständlichkeit dem Verschiedenen dargebracht wurden. Diese Ceremonieen beendet, trat die Kaiserliche Familie, an der Spitze der Kaiser und die Kaiserin an den Sarg, sprachen ein stilles Gebet, worauf die Fremden Abgesandten unter der Führung der Deutschen Mission ein gleiches thaten unter Verbeugung vor den sterblichen Überresten. –"

Chinesisches Meer, 25. 9. (über ein Teehaus in Nagasaki, d. Verf.)

„Unsere Plätze, an der Erde, kenntlich durch Kissen, waren in einem offenen Rechteck gedeckt, alsbald lagerten wir uns auf diesen, theils auf den Hacken sitzend, theils auf türkische Art die Beine gekreuzt, bis dann der Eine, oder der Andere, dieses Sitzens ungewohnt ein Bein nach dem anderen von sich streckte, auch stellten sich nicht selten Wadenkrämpfe ein, die ein Aufstehen erheischten, sehr zum Vergnügen der Japaner. – Nun mehr erschienen in feierlichem Aufzug die jungen Mädchen, schüchtern, kindlich, höflich, die Speisen den Gästen unter tiefer Verneigung zur Erde, vorsetzend, worauf sie sich ihrem betreffenden Gaste gegenüber niederliessen. – Die Speisen sind für uns Europäer fast ungeniessbar, wenngleich sie sehr sauber zubereitet sind, doch ein eigenthümliches Gemisch von Lack – Fisch – und süssem Geschmack machen es schwer dieselben ohne ein starkes Widerstreben herunterzuschlucken. – Mit dem Saké, der eine grosse Rolle bei solchen Festen spielt, geht es schon besser. Die jungen Damen erwarten, dass man ihnen zutrinkt und sie auffordert ein Gleiches zu thun. – Hierdurch wird zweifellos bewirkt, dass bald eine gewisse ‚Stimmung' in die Gesellschaft kommt. – Auf einer Bühne werden schreitende Tänze aufgeführt, die von einer grellen und klagenden Musik begleitet zwar ungeheuer anständig, aber für Europäer sehr schwer verständlich sind. – Dann werden harmlose Spiele eingeleitet, man scherzt und lacht in der harmlosesten Weise und würde sich noch besser amüsiren könnte man sich mit den Töchtern des Landes sprachlich verständigen. – Es herrscht ein freier, ungezwungener, heiterer Ton, ohne jede Rohheit, und ohne dass die Grenzen des Anstandes jemals überschritten werden; jede Dame der besten Gesellschaft würde an diesen harmlosen Vergnügungen ihre Freude haben können. – Nach reichlichem Sakégenuss und mit dem Empfinden, zwar bezüglich der Nahrung nicht recht auf die Kosten gekommen zu sein, sonst aber sich selbst und Anderen einige fröhliche Stunden bereitet zu haben, verliessen wir das gastliche Dach von einer fröhlichen Schar junger Japanerinnen bis an die Thür geleitet. – Schade, dass unsere westliche Kultur nicht ähnliche harmlose Vergnügungen zulässt. –“

Tsingtau, 29. 9.

„Gestern Abend ist Sunyatsen (Präsident der Republik China bis März 1912, d. Verf.) hier eingetroffen, heute hat er einen Besuch beim Gouverneur gemacht, ich habe ihn wissen lassen, dass falls er mir einen Besuch machen wollte ich ihn nicht empfangen würde; Aus einem Versteck habe ich ihn beobachtet, als er in's Haus kam und habe ich von seiner äusseren Erscheinung nicht den Eindruck gewonnen als wäre er ein Mann der Zukunft, oder gar Einer, der berufen wäre dieses Reich zu regieren; er soll hierher gekommen sein um sich zu überzeugen was die Deutschen hier machten. – Zur Zeit sind eine ganze Reihe chinesische Excellenzen hier am Ort, die als treue Mandshu – Anhänger in der Kolonie Schutz und Unterkommen suchen. – Immer noch herrscht eine gewisse Sorge davor, dass Deutschland beim allgemeinen Wurstgreifen ganz Schantung besetzen wollte; ich bin dauernd bestrebt die Leute davon zu überzeugen, dass dies keineswegs Absicht sei, sie sollten nur weiter Vertrauen zu uns haben, wie bisher und uns nicht mit anderen Nationen auf gleiche Stufe stellen. – ... Gestern besichtigte ich die Deutsch-chinesische Hochschule, welche bereits 300 chinesische Schüler zählt aus allen Gauen China's, sogar aus Hongkong; an Facultäten sind vorhanden: juristische, technische, Chemie, Physik, Mechanik, Berg- und Ackerbau, nebst Kenntnis der deutschen Sprache, welche mit einem ungeheuren Aufwand von Geduld und Fleiss seitens der Lehrer den jungen Studenten beigebracht wird, auch findet die medizinische Facultät reichen Zuspruch. – Ein Erweiterungsneubau soll demnächst beendet werden um noch mehr Schüler aufzunehmen; diese Hochschule erfreut sich jetzt schon einer gewissen Popularität in China. – Es wäre sehr erwünscht, wenn diese jungen Leute, etwa in Gestalt von Prämien, oder Stipendien, die Gelegenheit hätten nach Berlin zu reisen um dort ihre Studien fortzusetzen, wobei dann allerdings dafür gesorgt werden müsste, dass sie, wie hier, in gesicherten Internaten untergebracht werden, um sie vor den Anfechtungen der Großstadt zu schützen; es ist dies ein ganz wesentlicher Punkt, den ich Dich bitten möchte im Auge zu behalten."

Tsingtau, 6. 10.

„Prinz Kung hat zwar keine Anwartschaft auf den Thron als Souverain, wohl aber als Regent, bis zur Großjährigkeit des jetzigen Kaisers, er ist etwa 25 Jahre alt und der Einzige der ganzen Familie, welcher sich bis zum Schluss gegen die Abdankung des Kaiserhauses auf das Schärfste ausgesprochen hat, in öffentlichen, sowie in Geheimsitzungen, selbst unter Gefahr für sein eigenes Leben. – Er ist dann nach Abdankung des eigenen Hauses und Beginn der revolutionären Bewegung unter erheblicher Gefahr für sein Leben auf heimlichen Wegen hierher gekommen um seine beobachtende, sowie abwartende Stellung einzunehmen ... Er, Prinz Kung, hoffe auf die moralische Unterstützung Deutschlands und hoffe ferner, dass die jetzige Regierung noch auf lange Hand hinaus, nicht anerkannt würde. – Dieser Punkt scheint mir besonders wichtig. – Sein Familienanhang, der, wie seine Mutter, noch in Peking im Verborgenen sitzen, soll später auch hierher in Sicherheit gebracht werden, daher frug er mich, ob ich ihm Gewähr für diese Sicherheit leisten könnte innerhalb des Schutzgebietes, eine Frage, die ich unbedingt bejahte, an die ich nur die Bitte knüpfte, die Überführung möchte möglichst geheim gemacht werden und nicht auf etwaige vorherige Anfrage, damit unser Gouvernement nicht in die Lage versetzt würde offiziell von der Thatsache Kenntnis zu nehmen ... Ich bin mir der Verantwortung voll bewußt, die ich übernahm beim Zustandekommen dieser Begegnung, auch dessen, was ich an Dich schreibe, doch glaubte ich anderseits nicht eine Gelegenheit vorübergehen lassen zu dürfen, die eventuell für unsere ganze politische Zukunft in Ostasien von der weittragensten Bedeutung sein kann. Hätten wir Tsingtau nicht, dann sässe Prinz Kung mit Sicherheit in Hongkong unter englischem Schutz! – Dein Gesandter weiss hiervon nichts, auch weiss keiner der Herren meiner Umgebung ein Wort davon: wie weit ich den Gouverneur vor meiner Abreise unterrichte, werde ich mir noch überlegen: die ganze Angelegenheit ist mir in den letzten Tagen soviel im Kopf umhergegangen, dass ich des Nachts kaum habe schlafen können, nun habe ich mein Herz Dir gegenüber ausgeschüttet und hoffe ich, dass die Zukunft lehren wird, dass die heutige Unterredung nicht ganz umsonst war; jedenfalls lebte ich unter dem Eindruck, dass ich es mit einem ehrlichen, anständigen, vaterlandsliebenden, thatkräftigen und aufrichtigen Mandschuh zu tun hatte, dem es um die Zukunft seines Landes ernst ist und der mindestens einer moralischen Unterstützung wert ist. –“

Tsingtau, 13. 10.

„Dies dürfte voraussichtlich der letzte Brief sein, den ich an Dich von hier aus sende, da ich in acht Tagen selbst meine Schritte heimwärts lenken muss. – Ich hoffe es ist mir gelungen durch meine schriftlichen Mittheilungen Dir ein ungefähres Bild zu geben von dem was ich hier erlebte und hörte, auch hoffe ich, dass ich in Deinem Sinne hier gewirkt habe, soweit mir dies möglich war. – Eines überwinde ich nicht und das ist der Umstand, dass ich die Deutschen in Shanghai nicht aufsuchen und das Hinterland von Shantung mit den intensiven deutschen Interessen nicht besuchen durfte; diesen diplomatischen, um nicht zu sagen politischen Mißerfolg werden Deine verantwortlichen Rathgeber Dir gegenüber zu vertreten haben. – Es war hier wiederum eine elfte Stunde für das Deutschthum eingetreten, die auszunutzen, ohne die chinesische Regierung zu brüskiren ein Leichtes gewesen wäre, die Herren Diplomaten waren anderer Ansicht. Japan Amerika und England, Russland's nicht zu vergessen, sind scharfe Konkurrenten, auch bis zu einem gewissen Grade in Shantung: die Chinesen, wie ich Dir schon mehrfach berichten durfte, haben jetzt, im Gegensatz zu früheren Jahren, grosses Zutrauen zu unserer Regierung, sowie zu unserer deutschen Kulturarbeit gewonnen, sie fangen an, an uns zu glauben, auch Sun ya tsen hat sich offenkundig in diesem Sinne ausgesprochen, wie er auch in Privatgesprächen gleiche Äusserungen gethan hat, die nach Urteil Sachverständiger, ernst zu nehmen sind. – Also der Moment war der denkbar günstigste die Konjunktur für uns auszunutzen. – Du wirst meinen letzten Brief jetzt in Händen haben und wissen, welche Aussichten sich, nach meinem Dafürhalten, uns bieten. – Nun Deinem Befehle bin ich gefolgt, meine Bedenken habe ich Dir unterbreitet und hoffe ich, dass mich später kein Vorwurf trifft, dass ich nicht das Meinige gethan hätte um die Sachlage klarzustellen. – Hier draußen empfindet man eine gewisse Ängstlichkeit, um nicht zu sagen ein gewisses Nichtverstehen ostasiatischer Verhältnisse, die man mit unserem heimischen Mass nicht messen kann. – Verzeih mir diese Meinungsäußerung, aber ich bin Dir Offenheit schuldig. – Dieser Brief wird Dich zu einer Zeit erreichen, da ostasiatische Politik zweifellos im Hintergrunde des Interesses steht, denn der Draht kündete uns die Vorgänge auf dem Balkan (Krieg des Balkanvierbundes gegen die Türkei, d. Verf.), die nichts weniger als erfreulich klingen. –"

Die vorstehenden Proben kennzeichnen die Mentalität des Prinzen lebendiger, als es jede Charakteristik durch Dritte vermöchte. Keinen der Briefe, auch den vorletzten nicht, hat der Kaiser zum Auswärtigen Amt verfügt, vermutlich weil er die Amateurdiplomatie Heinrichs, die, vom Engagement für Kung einmal abgesehen, eine durchaus vernünftige Linie verfolgte, zu gering veranschlagte.

Bei den häufigen Begegnungen mit den russischen Verwandten war Heinrich gehalten, politischen Fragen aus dem Wege zu gehen. Auch bei der Bestattung des Großfürsten Michael Nikolajewitsch, eines Großonkels des Zaren, ließ sich der Kaiser durch Heinrich vertreten. Die langen Gespräche mit Nikolaus II. gipfelten in dem Wunsch nach persönlicher Begegnung der Monarchen, im übrigen wurde über die Schiffstypen der beiden Flotten gefachsimpelt. Als der Zar 1913 zur Hochzeit der einzigen Kaisertochter Viktoria Luise mit Herzog Ernst August von Braunschweig in Berlin weilte, entführte Heinrich seinen Schwager Nikolaus im schnellen Automobil aus dem Festtrubel. Die Polizei stand kopf, der Kaiser war entsetzt über den Leichtsinn des Bruders.

1912 wurde die Silberhochzeit von Heinrich und Irene mit großem Prachtaufwand begangen, gleichsam zur Entschädigung für die schlichte und düstere Hochzeit im Trauerjahr

1888. Heinrich hatte seither viele Ehrungen erfahren. Die Doktorwürde der juristischen Fakultät hatte ihm die Universität von Havard, die Technische Hochschule Berlin den Dr.-Ing., die Universität Kiel den Dr. phil. honoris causa verliehen. Von Kaiser Franz Joseph war er zum Admiral der K.K. österreich-ungarischen Marine ernannt worden.

Bei der Einweihung des neuen Kieler Rathauses empfing er die Ehrenbürgerschaft der Stadt wegen seines Eintretens für die Wohlfahrt und das Aufblühen des Gemeinwesens. Seine Förderung des Reichskriegshafens und seine Bindungen an Kiel, in dem er seit 24 Jahren ansässig war, wurden hervorgehoben. „Dies angesichts des bedeutsamen Akts der Einweihung ihres neuen Rathauses zu würdigem Ausdruck bringen zu dürfen, rechnet sich die Stadt zur hohen Auszeichnung." Der Kaiser sagte in einer Ansprache: „Als Wahrzeichen des engen Zusammenhangs mit der Flotte erscheint Mir der weit hinausragende Turm Ihres neuen Stadthauses, der Meinen Schiffen bei der Rückkehr in den Heimathafen einen Willkommensgruß der Kieler Bürgerschaft zurufen wird." Noch heute hängt das überlebensgroße Ölporträt des Prinzen Heinrich im Kieler Ratsherrenzimmer. Schon nach der Eheschließung hatte die Stadt dem Prinzenpaar für den Innenhof der Residenz einen Kilia-Brunnen gestiftet.

1895 hatte Heinrich in der Stadt ein Seemannsheim eingerichtet und dazu einen Teil des Stammkapitals aus seinem Vermögen gestiftet. Es galt mit seinen Kegelbahnen, Billard- und Leseräumen als vorbildlich. Heinrich besaß zweifellos ein fürsorgliches Wesen, war bei den Besatzungen beliebt und verstand es, sich mit den Leuten von der Wasserkante plattdeutsch zu unterhalten. Viele Marineanekdoten sind mit seinem Namen verbunden, er war in seiner offenen Art volkstümlich. Die Sozialdemokratie lehnte er als Royalist in Bausch und Bogen ab. Ausdrücklich stimmte er dem Stationstagesbefehl zu, der Gastwirten, die ihre Räume für Redner der SPD freigaben, die Lokale für Marineangehörige sperrte, und er bewog Tirpitz, den Seeoffizieren die Teilnahme an Veranstaltungen des antisozialistischen Kyffhäuserbundes zu gestatten.

Zur jeweiligen Regierung stand er in uneingeschränkter Loyalität und enthielt sich jeder Kritik. Er duldete auch im Offizierkorps keine despektierlichen Äußerungen über Politiker. Besonders der Reichskanzler Theobald v. Bethmann-Hollweg, der den uneingeschränkten U-Bootkrieg zu verhindern suchte, wurde aufs Korn genommen. Prinz Heinrich, selbst Anhänger der verschärften Kriegsführung durch Unterseeboote, verwies den Kameraden im Marineoffizierskasino mit ungewöhnlich scharfen Worten jede Kritik am Kanzler. Den nächsten Tag zerstritt er sich mit seinem alten Freund Carl Kroogmann, einem Hamburger Segler. Auch Kroogmann wollte v. Bethmann-Hollweg abgelöst wissen. Heinrich schlug mit der Faust auf die Tischplatte. Das Vertrauen in die Reichsleitung dürfe nicht erschüttert werden, auch wenn man glaube, daß sie nicht genügend Energie entwickle. Er erachte es für seine Pflicht, sich mit seiner Person einzusetzen für jene Körperschaften, die nun einmal berufen seien, die volle Verantwortung zu tragen, und „denen unser Kaiser sein Vertrauen schenkt“ (v. Arnauld).

Auf Hemmelmark empfing der Prinz den damals neunzehnjährigen, späteren Eduard VIII. für ein paar Ferientage. Der Duke of Windsor urteilt in seinen Memoiren: „I do not know whether it was his sailor's make-up or his more flexible and sympathetic approach to life, but of all my German relatives he impressed me the most ... Uncle Henry sponsored modern ideas and inventions with vigour and enthusiasm ... He had a great way with people and looked you straight in the eye. His unquestioned popularity and his pro-British leanings brought him, so I was told, into conflict with his Imperial brother.“

Im November 1913 bat Heinrich, nach London fahren zu dürfen, „da ich Irene versprochen habe, den Professor Laszlo zu bitten, eine Porträtskizze von mir anzufertigen, welche als Weihnachtsgeschenk dienen soll. Also nicht persönliche Eitelkeit treibt mich zu diesem Schritt, denn daß meine äußere Erscheinung nicht dazu angethan ist, der Nachwelt überliefert zu werden, das weiß ich wohl" (B/M).

Im Frühjahr 1914 unternahm Prinz Heinrich auf dem Dampfer „Trafalgar" eine Reise nach Südamerika, anfangs inkognito. Staatssekretär v. Jagow bekundete bald ein Interesse des Auswärtigen Amtes an dem Unternehmen und ließ 30000 Mark aus dem Geheimfonds dafür abzweigen. Heinrich schickte seinem Bruder auf der Rückreise einen neunseitigen Bericht, der wie folgt beginnt:

„An Bord ‚Cap Trafalgar', Biscaya, den 27ten April 1914;
Mein lieber Wilhelm,
Wenn es nicht gelang den privaten Charakter der Reise zu wahren, so lag das nicht an uns, sondern vielmehr einmal an den Regierungen der Republiken, die wir besuchten, andererseits an den Deutschen eben dieser Länder, die sich nunmal in den Kopf gesetzt hatten unsere, wenn auch nur kurze, Anwesenheit gebührend zu feiern, ob wir wollten oder nicht, auch mag die nun einmal bestehende Eifersucht der Republiken ‚A.B.C. und D' (Uruguay) hierbei eine nicht unwesentliche Rolle gespielt haben. – So kam es denn auch, dass ich eine Parade in Chile annehmen musste, wobei ich jedoch zur Bedingung machte, dass ich beritten gemacht werden müsse, da dies unseren militärischen Sitten und Überlieferungen entspräche, eine Bitte der ohne Weiteres entsprochen wurde und kann ich wohl sagen, dass ich in Europa kein besseres Pferd erhalten haben würde; mein Streitross gehörte dem Direktor der Militairerziehungsanstalt, den ich beim Besuch dieser

Anstalt kennen lernte, einer Anstalt, die wie das gesamte Heer, nach unserem Vorbild geschaffen wurde. –

Die Parade selbst kann eine Miniaturausgabe einer Parade auf dem Tempelhofer Felde genannt werden; die Copie dieser, sowie des Lebens und Treibens in den Kasernen, der Strassendisziplin, des Benehmens der Offiziere Unteroffiziere und Mannschaften, entspricht nicht nur unseren Gewohnheiten, sondern ist tief in der chilenischen Nation eingewurzelt; schon aus diesem Grunde musste ich der Bitte entsprechen. – Zur Parade waren eingeladen 300 Mann unserer in Valparaiso liegenden Division, die, wie dies einmal üblich, gleich den eigenen Truppen, mit lebhaftem Händeklatschen vom Publikum begrüsst wurden. – Einige, von einem Chilenen aufgenommene Bilder der denkwürdigen Parade, füge ich bei, mit der Bitte Du wollest diese behalten. –

Der Chilene kann als der Deutsche, oder wie ein bayerischer Instruktionsoffizier mir gegenüber bemerkte, als der Preusse Südamerikas bezeichnet werden; er denkt und fühlt mit soldatischem Instinkt, dient nur, laut Verfassung, ein Jahr, lernt in dieser Zeit unglaublich schnell, da er ausserordentlich begabt und passionirt für den Dienst ist; aus diesem Grunde erklärt es sich wohl, dass die Bekleidung der Truppen der unsrigen genau entspricht. – Die Kadettenerziehungsanstalt in Santiago de Chile, unter deren Dach sich gleichzeitig die Kriegsschule befindet, enthält etwa 400 Militairzöglinge und scheint ein Musterinstitut zu sein. – Die Anstalt hat den lebhaften Wunsch, ein Bild von Dir zu besitzen, ein Wunsch, den ich nur wärmstens befürworten kann; in den Offizier- und Unteroffizierkasinos sieht man vielfach Bilder aus dem 70er Feldzug, wohl Stiftungen unserer Instruktionsoffiziere, jedenfalls bildet der ‚Militarismus' ein ausserordentlich werthvolles Bindeglied zwischen Chile und Deutschland, durch welches uns ein nicht zu unterschätzender Einfluss gesichert sein dürfte –" (B/M).

Oberbefehlshaber der Ostseestreitkräfte

Zur Kieler Woche 1914 lag ein englisches Geschwader unter dem Kommando Vizeadmirals Sir George Warrender auf der Förde. Der Kaiser segelte bei Flaute eine Regatta auf der „Meteor". Längsseits kommt ein Depeschenboot, Admiral v. Müller schwenkt ein Papier in der Hand. Der Kaiser ist höchst ungnädig, denn mit dem Anlegen eines Bootes ist seine Yacht, die vorn lag, aus der Regatta ausgeschieden. Der Kabinettschef läßt ein Telegramm in einem Zigarettenetui hinüberwerfen, man sieht die Herren an Deck sich ins Gebet versenken, die Flagge der „Meteor" geht halbstocks. Bald darauf wird am Großmast der Yacht und dann auf allen Schiffen die österreichisch-ungarische Kriegsflagge gehißt und auf Halbmast gesetzt. Ist Kaiser Franz Joseph verstorben?

Schnell sprach sich der Mord am österreichischen Thronfolger in Sarajewo durch. Warrender wurde von der Admiralität heimgerufen, meldete sich beim Kaiser ab und gab im Auslaufen das Signal: „Friends today, friends in future, friends forever!" Diese Bekundung sollte nicht der Täuschung dienen, das Verhalten der beiden Marinen zueinander war von einer fast freundschaftlichen Achtung bestimmt. Kurz zuvor hatte ein englischer Admiral dem Kommandanten der „Breslau" (9) bei Skutari an der albanischen Küste zugetoastet: „The two white nations!" (v. Forstner)

Um die internationale Spannung zu dämpfen, riet der Reichskanzler dem Kaiser, die vorgesehene Nordlandreise wie üblich anzutreten. Tirpitz und der Flottenchef wurden demonstrativ nicht aus dem Urlaub zurückgerufen. In der Marine baute man darauf, daß man nicht in einen Krieg mit England „hineinschliddern" würde (Raeder). Dem Admiralstab war der Schlieffen-Plan vorenthalten worden. Jeder Admiralstabsoffizier hätte sofort eingeräumt, daß die englische Flotte und damit die britische Nation eine belgische Gegenküste in deutscher Hand niemals tatenlos hinnehmen würde.

Aufmerksam hatte man auf der Insel die imperialen Bestrebungen im Reiche beobachtet, hatte die Gründungen der Deutschen Kolonialgesellschaft (1887), des Alldeutschen Verbandes (1891) und des Deutschen Flottenvereins (1898) mit ihrem Expansionsdrang registriert. Nicht allein der Flottenbau als solcher, der offiziell als defensiv und bündnisfördernd deklariert war, sondern der damit beabsichtigte illusionäre „Griff nach der Weltmacht" hatte über Jahre die Feindseligkeit in England anschwellen lassen. Wilhelm II. wollte einen weltweiten Krieg gewiß nicht, aber seine provozierenden Reizworte haben die Animosität gegen ihn immer wieder aufflackern lassen. Daß Kriegsminister und Generalstab einen Mobilmachungsvorsprung in Frankreich und Rußland so hoch bewerteten, hat erheblich an der Kriegsauslösung mitgewirkt und ließ sich später zur Schuldfrage mit ins Spiel bringen.

Da halfen keine Briefe an den liebsten Nicky mehr, die Automatik des Mobilmachungsmechanismus lief bereits. Zar Nikolaus II. nannte in einem Telegramm an Heinrich Österreichs Krieg gegen Serbien einen „ignoble war". Nach dem österreichischen Ultimatum an Serbien brach der Kaiser die

Nordlandreise ab und rief seinen Bruder aus St. Moritz zurück; Heinrich sollte bei Georg V. gut Wetter machen. Wie harmlos der Prinz die Lage einschätzte, wird aus seinem Phlegma deutlich. Er nahm sich Zeit, nach dem Gespräch mit Georg V. noch der eigenen Schwester, Königin Sophie von Griechenland, in Eastborn einen Besuch abzustatten, bevor er nach Kiel zurückkehrte. Der König hatte ihm geraten, schleunigst nach Hause zu fahren, da die Nachrichten schlecht stünden.

Heinrich war vom Neutralitätswillen Georgs überzeugt, überschätzte aber wie sein Bruder dessen politischen Einfluß. In seinem Bericht an den Kaiser heißt es: „Georgie war sehr ernst gestimmt, folgerte logisch und hatte das ernsteste und aufrichtigste Bestreben, dem eventuellen Weltbrand vorzubeugen, wobei er stark auf Deine Mithilfe rechnet." Heinrich zitierte ihn: „We shall try all we can, to keep out of this and shall remain neutral." Wenn Österreich sich mit Belgrad als Pfand für die Erfüllung seines Ultimatums begnüge, könnten die Kriegsvorbereitungen der anderen Mächte eingestellt werden.

Im Tagebuch Georgs V. klingt es anders: „Dann fragte er, was England in einem europäischen Krieg tun würde. Ich antwortete: ‚Ich weiß nicht, was wir machen werden, wir haben mit niemandem Streit, und ich hoffe, wir werden neutral bleiben. Wenn aber Deutschland den Krieg an Rußland erklärt und Frankreich sich mit Rußland verbündet, dann fürchte ich, daß wir hineingezogen werden. Aber Du kannst Dich darauf verlassen, daß ich und meine Regierung alles tun werden, um einen europäischen Krieg zu verhindern.' Er meinte dann: ‚Nun, wenn unsere beiden Länder gegeneinander kämpfen werden, hoffe ich doch, daß es unsere persönliche Freundschaft nicht beeinträchtigen wird'" (Cowles).

Der Kaiser überhörte die Eventualia des Berichts und münzte den Versuch, neutral zu bleiben, in eine Entschlossenheit zur Neutralität um. Dem sehr skeptischen Tirpitz sagte er: „Ich habe das Wort eines Königs, das genügt mir.“ Dabei hatte der deutsche Botschafter am Hof von St. James unmißverständlich über die Warnung des britischen Außenministers Sir Edward Grey berichtet, England könne in einem Kriege Deutschlands gegen Frankreich nicht neutral bleiben, sondern werde gleich mit der Flotte in Aktion treten.

Der Kaiser stand vor dem Scherbenhaufen einer seit Bismarcks Abgang richtungslosen deutschen Außenpolitik. Sein Großvater, Wilhelm I., hatte ihm auf dem Totenbett das Gelöbnis abgenommen, stets die Freundschaft des Zaren zu suchen, und Queen Victoria, die in seinen Armen starb, hatte ihm ein gutes Einvernehmen mit England ans Herz gelegt. Er verstand diese Vermächtnisse auf die Beziehungen der Souveräne bezogen und verkannte die Macht der Fakten, die die Regierungspolitik leiten. Ende Juli 1914 beriet sich der Kaiser mit den Spitzen der Marine über Organisationsfragen in einem möglichen Kriege. Man gelangte nicht zu einer klar gegliederten Seekriegsleitung, die der Verzettelung durch die rivalisierenden Immediatstellen ein Ende bereitet hätte. Tirpitz' heimliche Hoffnung auf den Oberbefehl in seiner Hand zerrann. Statt dessen trat der Chef des Admiralstabes, Admiral Hugo v. Pohl, mit der Anregung hervor, einen Oberbefehlshaber der Ostseestreitkräfte zu ernennen.

Pohl war es, der dann im Großen Hauptquartier den Kaiser gegen das offensive Drängen von Tirpitz' zu einer defensiven Verwendung der Flotte bewog und 1915 als Flottenchef, selbst schon ein kranker Mann, die Flotte zurückhielt. Eine Denkschrift des Geschwaderchefs, Vizeadmiral v. Lans, den Schwerpunkt der Kriegshandlungen in die Ostsee zu verlegen, wischte Tirpitz als schädlich für den Geist der Flotte mit Empörung vom Tisch. Damit war der O.d.O. (Oberbefehlshaber der Ostseestreitkräfte) in seinen Möglichkeiten eingeengt.

Der Kaiser zeigte sich glücklich über v. Pohls Vorschlag, war doch für Heinrich eine Aufgabe gefunden, denn als Generalinspekteur gab es im Krieg nichts mehr zu tun. Am nächsten Tage machte v. Müller Bedenken gegen die beabsichtigte Betrauung des Prinzadmirals geltend, ihm fehle die Befähigung dazu. Müller wußte nicht, daß der Kaiser bereits bei seinem Bruder im Wort stand. Der Hinweis auf den hohen Rang dieses Seebefehlshabers mit so unbedeutenden Seestreitkräften fruchtete nichts. Der Kaiser schnitt die weitere Erörterung mit dem Bemerken ab, auf den Ostseekriegsschauplatz komme es nicht so an, der Prinz könne ja einen guten Stab bekommen (Görlitz).

Heinrich wäre brennend gern wieder Flottenchef geworden, um die Hochseeflotte gegen die Grand Fleet in die Seeschlacht zu führen. Er sah aber ein, daß man im Rennen das Pferd nicht wechseln dürfe. So blieb Admiral v. Ingenohl im Sattel, den der Kaiser nach dem unglücklichen Gefecht an der Doggerbank durch v. Pohl, angefeindet von Tirpitz, ersetzte. Die spontane Ernennung des Prinzen zum O.d.O. warf die in den Mobilmachungsbefehlen vorgesehene Befehlsregelung über den Haufen. Dem Stationschef wurden die Küstenschutzverbände der Ostsee entzogen und Heinrich direkt unterstellt. Der Befehlsbereich des Stationschefs, eines Vizeadmirals, wurde auf die Stellung eines Gouverneurs der Festung und des Reichskriegshafens Kiel beschnitten. Aber auch der Flottenchef hatte Federn zu lassen, die von ihm für den Ostseekriegsschauplatz jeweils detachierten Seestreitkräfte unterstanden dem Befehl des Prinzen Heinrich. Durch das Tauziehen zwischen den unzulänglichen, aber begehrlichen Ostseestreitkräften und der abgabeunwilligen Flottenführung wurde eine bedenkliche Unruhe in die Leitung des Seekrieges hineingetragen. Da dem Prinzen kein Flaggschiff zu Gebote stand, war er gezwungen, seine Einheiten in der Regel an Land von Kiel aus zu führen.

Am 31. Juli, also noch vor Beginn der Kampfhandlungen, erreichte ihn der bindende Operationsbefehl:

„Seine Majestät befehlen für die Kriegführung in der Ostsee:

1.) Die Hauptaufgabe der Kriegführung ist, die etwaige Offensive der Russen soviel als möglich zu stören. Daneben ist die Kieler Bucht gegen englische und russische Streitkräfte zu sichern und der feindliche Handel in der Ostsee zu schädigen.
2.) Minenunternehmungen gegen die russische Küste sind möglichst bald nach Kriegsausbruch anzusetzen.
3.) Die vorübergehende Entsendung von Teilen der Hochseestreitkräfte zur Führung eines Schlages gegen die russische Flotte bleibt nach Maßgabe der Kriegsereignisse vorbehalten.
4.) Der Handelskrieg ist gemäß Prisenordnung zu führen.

Auf allerhöchsten Befehl gez. v. Pohl"

An den Kaiser schrieb der Chef des Admiralstabes: „Der Chef der Hochseeflotte kann seine schwere Aufgabe in der Nordsee nur erfüllen, wenn er sie ohne irgendwelche äußere Störungen mit allen seinen Streitkräften verfolgen kann. Euer Majestät bitte ich daher alluntertänigst, daß dieser Grundsatz auch fernerhin auf das Strengste durchgeführt und von Verwendung von Teilen der Hochseestreitkräfte in der Ostsee abgesehen wird" (B/M).

Dem Kontingent des O.d.O. von 7 Kleinen Kreuzern, 9 Zerstörern und 3 U-Booten standen auf russischer Seite in der Baltischen Flotte 11 Großkampfschiffe, 4 Geschützte Kreuzer, 63 Zerstörer und 12 U-Boote gegenüber. Die russische Marineführung war straff gegliedert. Der Marineminister, Admiral Grigorówitsch, war gleichzeitig Oberbefehlshaber der Flotte und sämtlicher Marinekommandostellen. Trotzdem wogen

Kriegsgliederung der deutschen Ostseestreitkräfte am 2. August 1914.

Oberbefehlshaber der Ostseestreitkräfte (O. d. O.): Großadmiral Heinrich Prinz von Preußen.

Chef des Stabes: Kapitän zur See Heinrich.

I. Küstenschutzdivision der Ostsee.

Chef: Kontreadmiral Mischke.

Kl. Kreuzer:

„Amazone" (Flaggschiff)	1900,	2650 t,	10-10,5 cm,	21,5 sm
„Augsburg"	1909,	4350 t,	12-10,5 cm,	27 sm
„Magdeburg"	1911,	4550 t,	12-10,5 cm,	27,6 sm
„Lübeck"	1904,	3250 t,	10-10,5 cm,	23,5 sm
„Undine"	1902,	2700 t,	10-10,5 cm,	21,5 sm
„Thetis"	1900,	2650 t,	10-10,5 cm,	21,8 sm
„Gazelle"	1898,	2600 t,	10-10,5 cm,	19,5 sm
		(sämtlich 2 Tpd. R.)		
Schulschiff „Freya"	1897,	5660 t,	2-21 cm, 6-15 cm,	19 sm
		(3 Tpd. R.)		
Kanonenboot „Panther"	1901,	1000 t,	2-10,5 cm,	14 sm

Torpedoboote:

„T 91, 93, 94, 102, 127" 1898/1900, 400 t, 3-5 cm, 3 Dp. Tpd. R., 26 sm

„V 186" 1910, 650 t, 2-8,8 cm, 4 Dp. Tpd. R., 32,5 sm

„V 25", „V 26" 1913/14, 650 t, 2-8,8 cm, 4 Dp. Tpd. R., 32,5 sm

„Sleipner" („T 97") wie „T 94"

„Carmen"

U-Boote:

Tpdbt. „D 10" (Führerboot)

„U 3", „U 4", „UA" 1-5 cm, 1 MG.

Minenschiffe:

Hilfsstreuminendpfr. „Prinz Waldemar", „Prinz Sigismund", „Prinz Adalbert" (früher Linie Korsör)

" „Deutschland" (früher Fähre Saßnitz—Trälleborg) 4-8,8 cm, 2-5 cm K.

Hilfsminensuchdivision Neufahrwasser

" Swinemünde

Schiffe f. den Hilfsdienst:

12 Vorpostenboote

Blockschiff „London"

" „Rhein"

" „Elli"

" „Bianca"

3 Sperrbrecher

1 Lazarettschiff

Zufuhrschiffe:

3 Kohlendampfer

Außerdem:

Artillerieschule: „Kaiserin Augusta" 1892, 6000 t, 12-15 cm, 8-8,8 cm, 21 sm

U-Bootsschule in Kiel:

„Vulkan" (Hebeschiff) 1907

„T 27"

„U 1"

II. Hafenflottille Kiel.

Stationschef unterstellt.

Artillerie-Tender „Delphin" 1906, 450 t, 4-8,8 cm, 12 sm

„T 58, 60, 63, 65"

Hilfsminensuchdivision Kiel

Hilfsstreuminendampfer „Primus"

Stärke und Gliederung der russischen Ostseeflotte am 2. August 1914.

Aktive Flotte — I. Reserve — II. Reserve

Aktive Flotte.

Chef der Seestreitkräfte: Admiral v. Essen.

„Rjúrik" (Flottenflaggschiff) 1906, 15190 t, 4-25,4 cm, 8-20,3 cm, 2 Tpd. R., 21,3 sm.

Linienschiffsbrigade (Helsingfors)

Chef: V.-Adm. Baron Fersen.

- „Zessaréwitsch" 1901, 13000 t, 4-30,5 cm, 12-15,2 cm, 2 Tpd. R., 18,8 sm
- „Imp. Páwel I 1907, 17400 t, 4-30,5 cm, 14-20,3 cm, 3 Tpd. R., 18 sm
- „Andréi Perwoswánnü" (beschädigt im Dock) 1906, wie „Imp. Páwel I"
- „Sláwa" 1903, 13700 t, 4-30,5 cm, 12-15,2 cm, 2 Tpd. R., 17,6 sm

Kreuzerbrigade (Helsingfors, z. T. Reval)

Chef: K.-Adm. Kolomeizoff.

- „Gromobói" 1899, 13880 t, 4-20,3 cm, 22-15,2 cm, 4 Tpd. R., 20 sm
- „Palláda" 1906, 7762t, 2-20,3cm, 8-15,2cm, 4 Tpd. R., 22,5 sm
- „Adm. Makárow" 1906 } wie „Palláda"
- „Baján" 1907 } wie „Palláda"
- Gr. Tpdbt. „Nowik" 1911, 1260 t, 4-10,5 cm, 4-45 Tpd. Dp.-R., 36,5 sm

I. T-Flottille (Helsingfors)

Chef: K.-Adm. Storre.

1. Div.	2. Div.	4. Div.
10 Bt.	9 Bt.	9 Bt.
1904 bis 1907	1904 bis 1905	1905
etwa 580 t	508 t	335 t
2-10 cm	2-10 cm	2-7,5 cm
25 sm	25 sm	26 sm

2-3 Tpd.-R.

II. T-Flottille (Helsingfors bzw. Reval)

Chef: K.-Adm. Kurosch.

3. Div.	5. Div.	6. Div.	7. Div.
8 Bt.	9 Bt.	9 Bt.	8 Bt.
1905	1906	1895 bis 1901	Kl. Tpdbt.
350 t	356 t	225 t	
2-7,5 cm	2-7,5 cm	1-7,5 cm	
27 sm	26 sm	27 sm	

2-3 Tpd.-R.

U-Bootsflottille (Reval)

Chef: K.-Adm. Lewitzki.

1. Div. (früher Libau)	2. Div.
4 Boote	4 Boote

Streuminenabteilung (Helsingfors)

Chef: K.-Adm. Kanin.

- „Amúr" 1906
- „Ládoga" 1869, 1878
- „Jenisséi" 1906
- „Narówa" 1873
- „Wólga" 1873
- „Onéga" 1875

(17-13 sm)

I. Reserve (Kronstadt)

- „Awróra" 1900, „Diána" 1899 } 6730 t, 10-15,2 cm, 19 sm
- „Bogatýr" 1901, „Olég" 1903 } 6650 t, 12-15,2 cm, 23 bis 24 sm
- „Rossija" 1896 wie „Gromobói"

II. Reserve (Kronstadt)

ohne besonderen Gefechtswert:

- Artillerieschulschiffe: „Imp. Alexándr II", „Pjótr Welikí"
- Torpedoschulschiffe: „Dwiná", „Nikolájeff", „Lástotschka"
- Marinekorpsschulschiffe: „Wjärnü", „Wóin", „Chrábrü" Pz.Kbt. 1895, 1760 t, 2-20,3 cm, 1-15 cm, 14,5 sm

3-4 Schul-U-Boote

Den Schullehrgängen zugeteilt 1906/07, 900 t, 2-12 cm, 4-7,5 cm, 12 sm:

- Kbt. „Giljäk"
- Kbt. „Koréjez"
- Kbt. „Ssiwútsch"
- Kbt. „Bóbr"

Kbt. „Chiwínez" früher „Libau" 1905, 1400 t, 2-12 cm, 8-7,5 cm, 13,6 sm

Neubauten (Petersburg)

(soweit Fertigstellung 1914 zu erwarten)

Alle: 1911, 23400 t, 12-30,5 cm, 16-12 cm, 23 sm

- „Gangut", „Ssewastópol" } frühestens Sept. 1914 fertig
- „Poltáwa", „Petropáwlowsk" } frühestens fertig Ende 1914, wahrscheinl. erst Mitte 1915

Zeichenerklärung: Linienschiff — Panzerkreuzer — Gesch. Kreuzer — Kanonenboot — U-Boot — Minendampfer die klare Befehlsgebung und die materielle Überlegenheit der Russen den Mangel an Offensivgeist nicht auf. Prinz Heinrichs Aufgabe bestand darin, mit schwachen Kräften vorzustoßen und den Gegner mit vermeintlicher Stärke zu täuschen.

Als nun am 4. August aufgrund der Neutralitätsverletzung gegen Belgien Großbritannien die diplomatischen Beziehungen zum Deutschen Reich abbrach, was einer Kriegserklärung gleichkam, wurde die Lage für den O.d.O. bedrohlich, da stündlich mit dem Eindringen englischer U-Boote und Torpedoboote in die Ostsee zu rechnen war, die wenigen kriegsbereiten kleinen Kreuzer aber in der östlichen Ostsee operierten und die Luftaufklärung noch in den Anfängen stand. Es fehlte an allem. Es gab keine brauchbaren Seekarten von den russischen Gewässern, ein leistungsfähiger Stützpunkt östlich von Kiel mußte erst geschaffen werden.

Trotzdem beschossen schon am 2. August die kleinen Kreuzer „Augsburg" (2) und „Magdeburg" (21) die Hafenanlagen von Libau und legten eine Minensperre vor die Ausfahrt. Sie leiteten damit eine Blockade des Zarenreiches ein, die sich im Verlauf des Ostseekrieges als nahezu effektiv erweisen sollte (Hubatsch im Vorwort zu Firle III). Drei Tage später ließ der O.d.O. die Südausgänge des Großen und Kleinen Belts durch Minen sperren, um die Kieler Bucht vor einem Überfall auf die Schleusen und Werften zu schützen. Diese Maßnahme berührte dänische Hoheitsgewässer, und eine Erlaubnis aus Kopenhagen stand noch aus. Das Auswärtige Amt sprach der dänischen Regierung das Bedauern aus, daß eine Genehmigung nicht hätte abgewartet werden können. Dänemark seinerseits teilte mit, daß es Sund und Belte selbst durch Minen gesperrt habe.

Den ganzen August über sind die beiden Kreuzer, unterstützt von Torpedobooten und einem U-Boot, aktiv geblieben, sie stießen bis zu den baltischen Inseln vor. „Augsburg" beschoß russische Kasernen bei Polangen, nördlich von Memel, beide Schiffe legten eine Minensperre vor der Einfahrt in den Finnischen Meerbusen. In dichtem Nebel strandete „Magdeburg“ bei Odensholm und wurde von der Besatzung gesprengt. Russische Taucher bargen das Signalbuch, das den Alliierten den ganzen Krieg über das Dechiffrieren deutscher Funksprüche trotz Schlüsselwechsels erleichterte. „Augsburg“ zog russische Kreuzer auf sich, um U 3 zum Torpedoschuß kommen zu lassen. Von diesen ersten U-Boot-Typen waren jedoch keine großen Leistungen zu erwarten; Tirpitz hatte schon recht, als er Prinz Heinrich ausredete, zu früh mit unausgereiften Modellen in die Serienfabrikation gehen zu wollen.

In seinem Kriegstagebuch schrieb der O.d.O.: „Die Streitkräfte, die mir nach der Kriegslage zugeteilt werden können, werden den russischen Streitkräften immer unterlegen sein. Es ist daher notwendig, die Täuschung über die tatsächlichen Verhältnisse aufrecht zu erhalten und, wenn irgend möglich, einen Erfolg gegen die Russen mit kleinen Mitteln zu erringen. Ich bin der Überzeugung, daß mit Unterseebooten viel zu erreichen ist, und ich bitte daher zunächst um Zuteilung von zwei neuen Offensivbooten.“

Anfang September fühlten russische Seestreitkräfte bis Gotland vor, man befürchtete auf deutscher Seite eine Beschießung von Danzig und der pommerschen Küste. Darauf wurden dem O.d.O. das IV. Geschwader und zwei Torpedobootsflottillen unterstellt. Prinz Heinrich lief auf dem ihm als Flaggschiff zugeteilten schweren Kreuzer „Blücher“ (6) zu einem Demonstrationsvorstoß aus. Ein Telegramm aus dem Großen Hauptquartier schränkte seinen Ermessensspielraum ein: »Seine Majestät empfiehlt Eurer Königlichen Hoheit nochmals bei Operationen mit größter Vorsicht zu verfahren. Einsetzen gegen überlegene Streitkräfte und minenverdächtige Fahrwasser sollen vermieden werden." Die Russen waren im Minenwesen die führende Seemacht, der Verlaß auf die weit ausgelegten Sperren bestärkte sie in ihrer defensiven Seekriegsführung.

Die Warnung des Admiralstabes war bei dem bekannten Draufgängertum des Prinzen nicht unbegründet. Heinrich ging darauf aus, den Kampfgeist in den durch ermüdenden Wachdienst abgestumpften Besatzungen zu wecken. Bei einer Führerbesprechung auf dem Flaggschiff, die wegen grober See unter der Küste von Gotland abgehalten werden mußte, schärfte er dem detachierten Admiral in der östlichen Ostsee, dem Geschwaderchef, den Kommandanten und Flottillenchefs noch einmal die Empfehlung des Kaisers als Befehl ein und faßte seine Absichten zusammen: Russische Streitkräfte aus dem Finnischen Meerbusen herauszulocken und abzuschneiden, Gelegenheiten zum Einsetzen der Torpedoboote zu suchen, Signalstationen zu zerstören und den Gegner an verschiedenen Stellen seiner Küste einzuschüchtern, um dem detachierten Admiral nach Abzug des Hochseegeschwaders die Aufgabe leichter zu machen.

In Nachtfahrt lief ein Teil des Verbandes mit dem O.d.O. westlich, der Rest östlich um Gotland. Am Vormittag sichtete der detachierte Admiral auf „Augsburg" nördlich von Dagerort in großer Entfernung gegnerische Einheiten, unterließ aber aus unerfindlichen Gründen eine Meldung an den Oberbefehlshaber und suchte mit NW-Kurs tieferes Wasser auf, um vor Dagerort vermuteten Minen auszuweichen.

Da von keinem Gegner Meldung vorlag, verzichtete der Prinz darauf, weiter nach Osten auszuholen, und ließ die nördlich gelegene Signalstation auf Bogskär durch Torpedoboote zerstören. Heinrich hatte sich den Wahlspruch der Royal Navy „Hit first, hit hard, hit anywhere" zueigen gemacht. Die Turmbesatzung wurde gefangengenommen. Sie hatte den

Überfall noch nach Helsingfors gefunkt. Gegen Mittag erhielt der O.d.O. endlich vom detachierten Admiral Meldung über erneute Fühlung mit zwei russischen Panzerkreuzern. Die „Blücher“ hielt mit zwei älteren Linienschiffen, die kaum zu folgen vermochten, darauf zu und feuerte einige Salven. Sie lagen an dem schnell ablaufenden Gegner zu kurz, wegen Höhenbegrenzung der 21-cm-Geschütze mußte das Feuer eingestellt werden. Die Russen entkamen in den Finnischen Meerbusen. Sie dorthin zu verfolgen, verbot der Operationsbefehl.

Vor dem einseitigen Gefecht hatte der Prinz eine kurze Ansprache gehalten, die mit den obligaten drei Hurras auf den Obersten Kriegsherrn schloß. „Eine Begeisterung hatte sich der gesamten Besatzung bemächtigt, wie ich eine ähnliche in meiner langen Dienstzeit weder zuvor noch nachher jemals vernahm.“ Der Kaiser zeichnete seinen Bruder als ersten auf dem Ostseekriegsschauplatz mit dem Eisernen Kreuz II. Klasse aus.

Inzwischen hatte der Admiralstab das Signal zur Eröffnung des Handelskrieges in der Ostsee gegeben. Der detachierte Admiral versenkte in der Bottensee zwei russische Dampfer. Auf neutralen Schiffen gefangen genommene wehrfähige Engländer mußte er weisungsgemäß freigeben, da sie keinen Kombattantenstatus besaßen. Der O.d.O. trat mit seinem Verband den Rückmarsch an, als er sah, daß der Notruf von Bogskär keine Verstärkung des Gegners herbeigeholt hatte, auch mußte das IV. Geschwader, ein Schulverband, noch seine Schießübungen in der westlichen Ostsee absolvieren, und der Flottenchef wollte auf die „Blücher“ in der Nordsee nicht verzichten.

Heinrich resümierte das infolge russischer Zurückhaltung so magere Ergebnis seiner Unternehmung: „Von den Fehlern des Überschätzens und Unterschätzens ist jener des Überschätzens der kleinere.“ Bis auf 8 sm führte er den Verband an Windau vorbei, die Sicht war ausgezeichnet, so daß mit der Meldung einer großen Armada an die russische Admiralität gerechnet werden konnte.

Im September schrieb Tirpitz an den Prinzen: „Euer Königliche Hoheit wollen ermessen, daß unsere Flotte auf das Endziel der Schlacht formiert und erzogen ist. Der defensive Kleinkrieg ist meines Erachtens nicht günstig für uns. Ich stehe in diesem Punkte in einem gewissen Gegensatz zu den hiesigen Marinegrößen und wohl auch zur Auffassung Seiner Majestät. Ich kann meine Ansichten hierüber nicht persönlich zur Geltung bringen, fürchte aber immer mehr die Gefahr einer Bottelung unserer Flotte. Zu dem letzten gut verlaufenen Vorstoß Eurer Königlichen Hoheit habe ich dem Chef des Admiralstabes gegenüber schriftlich eine andere Stellung eingenommen." Tirpitz wollte den Vorstoß mit starken Kräften durchgeführt wissen, eine Beschießung Revals eingeschlossen. „Mein Vorschlag hat keine Berücksichtigung gefunden. Immerhin habe ich mich gefreut, daß Euer Königliche Hoheit doch einen kleinen Erfolg und vor allem keine Verluste dabei gehabt haben."

Überschätzt hat der Generalstab, damals in Vertretung geführt vom preußischen Kriegsminister v. Falkenhayn, die Möglichkeiten der Marine. Um russische Truppen in Kurland zur Entlastung der Front in Galizien zu binden, sollte der O.d.O. auf Befehl des Großen Hauptquartiers in kürzester Frist eine Landung in Windau improvisieren. Für amphibische Unternehmen fehlte fast jede manövermäßige Vorübung im Frieden, die infantristische Ausbildung und Ausrüstung eventueller Landungskorps der Flotte mochte in Westafrika hingereicht haben, gegenüber regulären russischen Truppen blieb sie unzulänglich. Prinz Heinrich hätte die Verantwortung für diese höchst zweifelhafte Expedition ablehnen können. Das widersprach seiner Natur. Er hatte dafür gesorgt, daß das

Zutrauen der Besatzung zu ihren Offizieren, zu den Waffen und zu sich selbst frühzeitig geschaffen war. Dies war ein besonderes Verdienst des Großadmirals und seiner Kriegsführung. So sehr auf diesem Kriegsschauplatz große Ziele und kriegsentscheidende Aufgaben fehlten, der Glaube an die überlegene eigene Kraft hat während des ganzen Krieges in der Ostsee fest bestanden (Firle I).

Nach dem verhängnisvollen Ausgang der Marneschlacht fühlte sich die Marine in der Schuld des Heeres, weil die Flotte zur Entlastung der deutschen Armeen nichts hatte beisteuern können. Mit großem Eifer wurden daher die Vorbereitungen für eine, wenn auch kleine Landung im Osten getroffen. War ursprünglich an die Verschiffung einer gemischten Brigade gedacht, zeigte sich bald, daß die Seetransportabteilung im Reichsmarineamt gar nicht in der Lage war, den erforderlichen Schiffsraum in so kurzer Zeit mobil zu machen. Das Konzept verwandelte sich in eine Scheinlandung. Der Admiralstab drängte: „Seine Majestät befehlen, Demonstration an russischer Küste soll so schnell als möglich erfolgen." – „Immer nur Demonstrationen!" resignierte der Flottenchef v. Ingenohl.

Während die Seetransportabteilung für den ausländischen Nachrichtendienst absichtlich auffällig so handelte, als ob es eine kriegsstarke Division zu verlegen gelte, ging der O.d.O. mit dem IV. und V. Geschwader auf dem Flaggschiff „Braunschweig" (7) in See. Die II. Torpedobootsflottille sollte vor Windau Boote aussetzen und durch Ausloten des Ufers und Stranderkundung die bevorstehende Landung erwarten lassen. Die II. Minensuchdivision hatte den Auftrag, eine Fahrrinne nach Windau auf Minen abzusuchen und durch Bojen zu bezeichnen. Obwohl das Gros nur 50 sm entfernt vom russischen Stützpunkt Libau stand und U 9 zwei Tage vorher in den Hoofden durch die Versenkung von drei britischen Panzerkreuzern zum ersten Male im Kriege gezeigt hatte, was U-

Boote auszurichten vermögen, achtete man in der Ostsee die Unterseebootsgefahr noch gering.

Beim Ausloten vor Windau wurden zwei Torpedoboote vom Leuchtturm Backofen aus beschossen und brachten das Feuer zum Schweigen. Aus Neufahrwasser dampfte das V. Geschwader heran. Es hatte 750 Mann eines Ersatzbataillons an Bord genommen. Außerdem bildete der Geschwaderchef ein Landungskorps aus mehreren Zügen. Prinz Heinrich ließ zunächst zehn Troßschiffe, die für Truppentransporter angesehen werden konnten, auf Windau zulaufen und näherte sich dann selbst mit dem IV. Geschwader bis auf 3 sm dem Hafen und drehte ab, um sich am nächsten Morgen mit dem V. Geschwader zu vereinigen und zur vorübergehenden Landung anzusetzen.

Gegen 22 Uhr erreichte den O.d.O. eine Meldung, wonach der deutsche Konsul in Malmö die Mitteilung erhalten habe, englische Unterseeboote würden in der Nacht das Kattegat passieren. Anderthalb Stunden später unterrichtete der Admiralstab den Prinzen, der Militärattaché in Stockholm habe von einem Vertrauensmann erfahren, die englische Flotte laufe in den Großen Belt ein, nachdem die Verminung durch Sperrbrecher beseitigt sei. Diese alarmierende Nachricht war vom Admiralstab mit keinerlei Weisung verbunden worden. Im Stabe des O.d.O. errechnete man, daß die englischen Verbände am nächsten Nachmittag in Höhe Bornholm stehen könnten, um die beiden deutschen Geschwader von ihrer Basis abzuschneiden.

Die Lage erforderte vom Großadmiral eine augenblickliche Entscheidung. Heinrich entschloß sich, den Landeversuch in Windau aufzugeben und in die westliche Ostsee zurückzugehen. Das V. Geschwader ließ er zunächst nördlich laufen, weil dessen Schiffe mit je hundert überzähligen Soldaten an Bord im ersten Treffen einer Seeschlacht weniger aktionsfähig gewesen wären. Ohnehin ließ sich mit den beiden Ausbildungsgeschwadern und ihrem veralteten Material nicht viel bewirken. Der selbständige Entschluß, das Unternehmen abzubrechen, obwohl sich, wie aber zu spät bekannt wurde, nur fünf britische Panzerkreuzer mit je einem U-Boot bis ins Kattegat vorgewagt und dann abgedreht hatten, fand die nachträgliche Billigung des Admiralstabes. Überdies hatte der Prinz sich durch Augenschein überzeugt, daß Windau nur über eine schmale Mole erreichbar war, die Bildung eines Brückenkopfes also hohe Opfer erfordert hätte. Den Wunsch des Generalstabes, die Eisenbahnverbindung landeinwärts zu zerstören, bezeichnete der O.d.O. rückblickend als pure Illusion. Der Hauptzweck des Unternehmens, russische Truppen in Kurland zu binden, war nicht erreicht. Von Wert blieb nur die Einsicht, daß ein Zusammenwirken von Heer und Marine gründlicher Vorbereitung bedurfte.

Wie ernst im großen Hauptquartier der blinde Alarm genommen worden ist, erhellt aus einer Reihe überstürzter Maßnahmen. Teile der Hochseeflotte und sämtliche U-Boote wurden durch den Kanal in die Ostsee geschleust, das Minendepot Danzig angehalten, Minen bereitzustellen, falls die beiden Geschwader sich in den Hafen zurückzögen. Das nun hätte Heinrichs Mentalität gänzlich widersprochen. Aus eigenem Entschluß lief er nach Kiel zurück. Als Seebefehlshaber blieb er in diesen Tagen ganz auf sich gestellt, der Admiralstab beschränkte sich auf die Rolle einer Nachrichtenzentrale.

Anfang Oktober zahlte sich das unermüdliche Gefechtsexerzieren des detachierten Admirals mit den neu zugeteilten Unterseebooten aus. Durch ständige Beunruhigung waren die Russen gehalten, den Eingang zum Finnischen Meerbusen mit Kreuzern und Zerstörern zu bewachen. Dem frisch zugeführten U 26 gelang es, südwestlich von Hangö aus einem Verband den russischen Panzerkreuzer „Pallada“ und die gesamte Besatzung durch einen Volltreffer in die Munitionskammern zu versenken und selbst, obwohl von Reval und Helsingfors alles Schwimmbare an Verfolgern herangezogen wurde, zu entkommen. Prinz Heinrich beglückwünschte den detachierten Admiral Behring, den Kommandanten und die Besatzung von U 26 zur allerhöchsten Anerkennung; die EK II wurden allen Beteiligten in Danzig von der Kronprinzessin angeheftet.

Der O.d.O. fand sich in seiner Ansicht bestätigt, daß nicht Überwasserstreitkräfte, sondern U-Boote und Minen das Geschehen auf dem Ostseekriegsschauplatz bestimmten. Das Beharren auf der Zuteilung von weit operierenden Unterseebooten hatte erste Frucht getragen. Mitte des Monats häuften sich die Nachrichten von einem bevorstehenden Eindringen englischer U-Boote in den Sund. Es brach eine Art U-Bootshysterie aus, von den verschiedensten Stellen wurden angeblich gesichtete U-Boote gemeldet. Die in der westlichen Ostsee übenden Ausbildungsgeschwader mußten in die Häfen zurückgezogen werden, der O.d.O. hatte alles Erdenkliche an Bewachung aufzubringen. Erfahrungen in der Jagd auf Unterseeboote gab es noch nicht, die Wirksamkeit der Tiefeneinstellung von Minen blieb fraglich, Wasserbomben waren noch nicht in Gebrauch. Der Großadmiral setzte auf Seeüberwachung durch ihm neuerlich unterstellte Luftschiffe, die sich aber zu hüten hatten, auf dänisches Hoheitsgebiet abgetrieben zu werden.

Am 18. Oktober wurde die Ungewißheit zur Tatsache. In unmittelbarer Nähe des Kreuzers „Viktoria Luise“ (36) waren am Südausgang des Sundes zwei Torpedolaufbahnen vorbeigezogen, die nur von einem englischen Unterseeboot stammen konnten. Die erste Maßnahme des O.d.O. lautete, die eigenen U-Boote zurückzuziehen, um Verwechslungen auszuschließen. Sodann wurde über die ganze westliche Ostsee ein Netz von Bewachungsfahrzeugen gelegt, denen besonders nachts, wenn die Boote zum Aufladen der Batterie über Wasser fahren mußten, ein Abfangen aufgegeben war. Die vom Prinzen erbetene und einzig wirksame Gegenmaßnahme, eine völlige Sperrung am Südausgang des Sundes durch Minen und durch Trossen zwischen Blockschiffen, wurde vom Admiralstab abgelehnt: „Minensperre vor Sund nicht werfen, da nicht wirksam gegen Unterseeboote, und Handelsverkehr bestehen bleiben muß."

Am nächsten Tag sichteten deutsche Torpedoboote südöstlich von Schleimünde zwei U-Boote. Einem englischen Torpedo wurde ausgewichen, vor Artilleriebeschuß und Rammstoß entzogen sich die Gegner durch Wegtauchen. Um den Eindringlingen die Flucht aus der Kieler Bucht zu verlegen, griff Prinz Heinrich zu unkonventionellen Mitteln. Er ließ sich von der Fischerei AG in Glückstadt über tausend Heringsnetze liefern, die im Fehmarnbelt durch Fischdampfer ausgebracht wurden. Die Netze hatten eine Tiefe von 15 m und wurden gestaffelt aufgestellt. Man hoffte, daß sich die Schrauben der U-Boote in ihnen verfingen. Einem Oststurm Ende des Monats hielt die Netzsperre nicht stand, sie trieb in die Kieler Bucht. Ein Antrag des O.d.O., die Netze durch eine Minensperre abzulösen, wurde vom Admiralstab abgelehnt.

Das Verhältnis zwischen dem Admiralstab und dem Großadmiral war nicht spannungsfrei. Admiral v. Pohl erwartete vom Prinzen einen energischen Handelskrieg gegen die Ausfuhr von russischem Grubenholz nach England, die meist durch schwedische Schiffe abgewickelt wurde. Zugleich wurden dem Prinzen Beschwerden der schwedischen Regierung gegen Übergriffe deutscher Prisenkommandos vorgehalten. Man könne sie dem Auswärtigen Amt gegenüber nicht länger vertreten. Heinrich antwortete verärgert: „Ich werde dann anordnen, den Handelskrieg einzustellen, und befehlen, daß schwedische Dampfer überhaupt nicht mehr aufgebracht werden dürfen." Als Antwort mußte er hinnehmen: „Die Verhältnisse begründen zur Zeit nicht, den Handelskrieg einzustellen." Zwar beriefen sich die Anordnungen des Admiralstabes auf allerhöchsten Befehl, aber Heinrichs hoher Rang zusammen mit seiner Ausnahmestellung als Bruder des Kaisers verschaffte seiner Autorität ein einzukalkulierendes Gewicht.

Die englischen U-Boote E 1 und E 9 waren nach Erkenntnis des Admiralstabes in Libau eingelaufen. Der O.d.O. mußte seine begrenzten Sicherungskräfte ständig umgruppieren, die Vorstöße des detachierten Admirals an den verschiedensten Stellen ansetzen. Als neues Flaggschiff war dem Befehlshaber der Panzerkreuzer „Friedrich Carl" (11) zugeteilt worden. Deutsche U-Boote sollten erkunden, wo Handelsschiffe die Sperren zum Finnischen Meerbusen passierten. Zum Herauslocken der russischen Seestreitkräfte wurden diesmal Unternehmungen gegen den Rigaschen Meerbusen gerichtet, mußten aber abgebrochen werden, weil der Großadmiral einen Landangriff auf Memel zu befürchten hatte. Prinz Heinrichs Handikap bestand im Fehlen ausreichender Minensuchkräfte. Bevor die Wege nicht freigesucht waren, konnten die Kreuzer nicht zur Beschießung der Küste vorstoßen.

Der Flottenchef wollte sein zweites Geschwader zum Beschuß von Libau freigeben, damit sich die Besatzungen in einer kriegsmäßigen Übung bewähren könnten. Prinz Heinrich war wiederum sofort bereit. Als das Geschwader Anfang November von Kiel auslaufen sollte, kam vom Admiralstab Gegenorder: „Seine Majestät der Kaiser befehlen, daß die Beschießung Libaus durch die Schiffe des II. Geschwaders unterbleibt, da Schiffe durch Unterseeboote zu sehr gefährdet. Seine Majestät haben bemerkt, daß zur Erteilung des Befehls Hochseechef nicht berechtigt war."

So mußte die Sperrung und Beschießung Libaus den wenigen Kreuzern und Blockschiffen des detachierten Admirals vorbehalten bleiben. 30 sm westlich von Memel geriet sein Flaggschiff „Friedrich Carl“ auf eine frisch gelegte russische Minensperre. Nach zwei Detonationen begann der Panzerkreuzer langsam zu sinken. Der Lecksicherungsdienst hielt das Schiff noch fünf Stunden über Wasser, bis Admiral und Besatzung außer acht Eingeschlossenen von der herbeigeeilten „Augsburg“ übernommen waren. Die übrigen Einheiten beendeten ihre Aufgabe. Die Beschießung Libaus hat aber wenig erbracht, der Hafen war von den Russen praktisch schon aufgegeben.

Der Verlust der „Friedrich Carl“ traf den O.d.O. schwer, um so mehr, als sich nachträglich herausstellte, daß dem kleinen Kreuzer „Thetis“ (33) Tage zuvor an der gleichen Stelle ein russisches Torpedoboot entkommen war, das vermutlich Minenschiffe des Gegners gesichert hatte. Das eigenmächtige Abbrechen der Verfolgung forderte einen hohen Preis. Als Ersatz wurde dem Prinzen das Schwesterschiff der „Friedrich Carl“, der Panzerkreuzer „Prinz Adalbert“ (27), zugeteilt.

U 25 hatte inzwischen die Sperren zum Finnischen Meerbusen unterlaufen und in einem gewagten Unternehmen den Hafen von Helsingfors erkundet. Prinz Heinrich erließ nach Eingang des Berichts als Richtlinie für seine Unterseeboote die Weisung, die Angriffstätigkeit solle nicht erlahmen, den Unterseebooten falle die Hauptrolle zu. „Die Vernichtung eines russischen U-Bootes schätze ich hoch ein, die eines englischen Unterseebootes mindestens so hoch wie die eines russischen Panzerkreuzers.“

Gegen Ende des Jahres wurde die Unterbindung schwedischer Lieferungen von Kraftfahrzeugen und Drehbänken zur Fabrikation von Geschossen und Hülsen an die russischen Landstreitkräfte dringlicher. Die Heeresleitung bat den Admiralstab um Abhilfe. Der Auftrag v. Pohls begegnete sich mit den Absichten des O.d.O. Solange die Ålandinseln noch in russischer Hand waren, konnten gelegentliche Kreuzervorstöße nur Zufallsergebnisse erzielen. Die schwedische Handelsmarine wurde daher generell gewarnt, die russischen Anlaufhäfen in der Botten-See zu benutzen. Das Minenschiff „Deutschland“ legte Sperren vor Björneborg und Rauno mit dem Erfolg, daß in den ersten Tagen drei Dampfer nach Minentreffern sanken und Schweden zunächst den Schiffsverkehr nach den finnischen Häfen einstellte.

Der nächste Schritt war eine Erkundung der Ålandinseln, als der Admiralstab Kenntnis erhielt, daß Rußland die Inselgruppe befestigen und zum Winterstützpunkt ausbauen wollte. Das widersprach den Bestimmungen des Pariser Vertrages von 1856. Die navigatorisch schwierige Aufgabe wurde vom detachierten Admiral gelöst, sie schaffte die Voraussetzungen für ein späteres Vorgehen gegen die Ålandinseln. Dabei wurden sechs U-Boote ausgemacht, die von Utö aus operierten. Auch diesen Stützpunkt setzte der O.d.O. auf eine Liste der Plätze, die für den Gegner unbrauchbar gemacht werden sollten. In den letzten Tagen des Jahres stellte der Flottenchef noch einmal dem Großadmiral vier Schiffe des V. Geschwaders zur Verfügung. Sie demonstrierten vor der schwedischen Küste westlich von Gotland.

So hatte das erste Kriegsjahr der russischen Flotte vorgetäuscht, daß der O.d.O. jederzeit über offensive Hochseestreitkräfte verfüge. Der detachierte Admiral hatte mit seinen schwachen Kräften die östliche Ostsee nach allen Richtungen aufgeklärt, die Sicherung der westlichen und mittleren Ostsee war aus dürftigsten Anfängen aufgebaut, und die Erzausfuhr von Schweden in die deutschen Häfen wickelte sich bisher ungestört ab. Keine Granate war auf die deutsche Ostseeküste gefallen, was für den ganzen Krieg Gültigkeit behielt.

1909 hatte ein Operationsplan des Ersten Seelords britische Landungen an der schleswig-holsteinischen und pommerschen

Küste vorgesehen. Churchill schrieb im August 1914 an den Oberbefehlshaber des russischen Heeres, Großfürst Nikolaj Nikolajewitsch: „Die Operation, eine britische Flotte durch die Belte in die Ostsee zu schicken, ist durchführbar. Wenn wir die Ostsee beherrschen, können wir dort eine russische Armee landen" (Lohmann). Die Seeherrschaft blieb indes in deutscher Hand. Prinz Heinrich hatte sich als Oberbefehlshaber der Ostseestreitkräfte durch Umsicht, Einfälle und Wagemut in jedem Betracht, auch in den Augen seines Bruders, bewährt.

1915

Im Januar war Heinrich zum ersten Male Gast Wilhelms im großen Hauptquartier. Der Kaiser führte ihm Übungen neuer Felddivisionen vor, die die Truppen ihrer eigentlichen Verwendung entzogen. Es gab viele Ausflüge im Automobil. Die zehn Tage standen unter Wilhelms Motto: „Heinrich, das mußt du sehen!" Der Jahresbeginn brachte eine veränderte Lage für die deutsche Handelsschiffahrt, aber auch für die Einheiten des detachierten Admirals. Durch Minentreffer gingen mehrere Dampfer verloren, die kleinen Kreuzer „Augsburg" und „Gazelle" (12) wurden durch Minen beschädigt. Eine russische Minenoffensive hatte sich in den langen Winternächten von Memel über Höhe Bornholm bis zur Nordspitze von Rügen erstreckt. Die Hiobsbotschaften häuften sich. Das Marineluftschiff PL 19 wurde nach Bombenabwürfen auf Libau durch Geschützfeuer heruntergeholt, die Besatzung gefangengenommen. Zudem „beraubte" die Erklärung des U-Boot-Handelskrieges in der Nordsee den O.d.O. aller Unterseeboote. Aber der Winter ließ die Baltische Flotte in ihren Stützpunkten einfrieren, Gelegenheit, die verhängnisvollen Sperren des Gegners im eigenen Seegebiet zu räumen. Prinz Heinrich bediente sich dazu geeigneter flachgehender Motorboote. Immer wieder kam seine Improvisationsgabe, hervorgerufen durch technischen Blick, seiner Position zustatten.

Im Frühjahr mehrten sich die Anzeichen für einen russischen Landangriff auf Memel. Der Oberfehlshaber Ost, Feldmarschall v. Hindenburg, erbat die Hilfe der Marine. Der Flottenchef stellte dem O.d.O. die II. Aufklärungsgruppe mit vier Kreuzern zur Verfügung. Sollte noch das II. Geschwader hinzutreten, fiele der Seebefehl über den Verband Prinz Heinrich zu. Der neue Flottenchef, Admiral v. Pohl, erwog sogar, auch das III. Geschwader abzuteilen und dann selbst das Unternehmen zu leiten. Das ging weit über die Erfordernisse Memels hinaus. Der Admiralstab untersagte auf Befehl des Kaisers so weitreichende Absichten.

Wilhelm II. sah in Libau eine deutsche Stadt und wollte sie schonen. Heinrich wünschte, Libau als U-Boot-Stützpunkt und Ausgangshafen für Minenleger unbrauchbar zu machen. Er verbat sich die Einmischung des Admiralstabs in seinen Kommandobereich. Natürlich ohne Erfolg. An eine spätere Nutzung Libaus für eigene Zwecke schien niemand zu denken. In einem Schreiben des Prinzen an den Chef des Admiralstabes hieß es: „Die Initiative Euer Exellenz, um die ich nicht gebeten hatte, hat alledem vorgegriffen. Ich hätte es bei den bisherigen Beziehungen gern gesehen, wenn Sie sich wenigstens durch eine telegraphische Anfrage versichert hätten, daß ein Immediatbericht wirklich nicht in meiner Absicht lag. Zeit genug war, da Euer Exellenz wußten, daß die Unternehmung gegen Libau nicht vor dem 26. Januar vormittags stattfinden konnte. Daher kann ich mich nicht der Empfindung verschließen, daß die Ankündigung Ihrer Absicht im Telegramm K.Z. 4726 eine Kritik enthält. Ich hoffe aber, daß Euer Exellenz meinen Standpunkt teilen, daß auch der Schein zu vermeiden wäre als ob eine Instanz zwischen der Allerhöchsten Person und den immediaten Seebefehlshabern bestünde“ (B/M).

Wieder einmal zeigte sich, daß bei einer gemeinsamen Operation von Heer und Marine zu viele Hände mitmischten. Hindenburg trat in direkte Verbindung zum Prinzen Heinrich, der stellvertretende Chef des Admiralstabes in Berlin hielt Fühlung mit dem Truppenkommando in Tilsit und vertrat restriktive Auffassungen gegenüber Admiral Bachmann im großen Hauptquartier. An der Nahtstelle vor Memel funktionierte die Verständigung mehr schlecht als recht. Die in Memel eingedrungenen Russen wurden von einer Kavalleriedivision vertrieben, dem Kreuzerverband verblieb, die nach Libau zurückflutenden russischen Bataillone von See her zu beschießen. Ein sichtbarer Erfolg zeigte sich nicht. Das Kartenmaterial war unzulänglich, Erkennungssignale fehlten, die Nachrichten, wo Feind, wo Freund stand, erwiesen sich als ungenau. „Diese Erfahrungen sind nicht umsonst gemacht", vermerkt das Kriegstagebuch des Prinzen.

Im Frühjahr übersandte Heinrich dem Bruder eine umfassende Denkschrift über seine operativen Absichten, die Beurteilung des Gegners, über den eigenen Bedarf an Schiffsmaterial und machte Vorschläge für die Neuaufteilung seines Kommandobereichs. Als Hauptziel seiner Aufgaben bezeichnete er die Verhinderung einer Offensive der Baltischen Flotte durch frühzeitiges Stören des Aufmarsches und erkannte richtig, daß die Russen ein größeres Unternehmen wohl nur beginnen würden, wenn sie mit einem Entlastungsangriff von britischen Verbänden durch die Belte rechnen könnten. Der Prinz bat um Zuweisung der beiden alten Panzerkreuzer „Roon" (29) und „Prinz Heinrich" (28) sowie von Torpedobooten.

Der Kaiser entsprach fast allen seinen sehr bescheidenen Wünschen. Zur Küstenschutzdivision traten als neuer Verband die Aufklärungsstreitkräfte der Ostsee hinzu. Heinrichs Personalvorschlag für den Befehlshaber wurde durch v. Müller abgelehnt. Der bisherige überaus tüchtige detachierte Admiral zog die Konsequenz und trat ins Zivilleben zurück, aus dem er mit Kriegsbeginn reaktiviert worden war.

Zwei Wochen nach Eingang der Denkschrift rief der Kaiser seinen Bruder ins große Hauptquartier, nach Tirpitz' Ansicht, damit sich Heinrich von seinem aufreibenden Dienst als O.d.O. etwas erhole. Es wurde ein großes Programm für den Prinzen gemacht. Wiederum führte ihm der Kaiser das Schauspiel der Felddienstübung einer neuen Division vor. In Charleville hatte Heinrich ein längeres Gespräch mit Tirpitz. Der Staatssekretär im Reichsmarineamt versuchte, aus Heinrich Informationen über die Absichten des Kaisers herauszuholen, aber die Brüder hatten nur ihren Zorn auf England ausgetauscht. „Entweder wußte er nichts oder er hielt sich zurück“ (Tirpitz). Der Erbauer der Flotte machte seiner Empörung Luft. Das vom Kaiser geschaffene Machtinstrument vermodere gewissermaßen im Kabinett. Heinrich solle dem Kaiser ein Licht aufstecken, daß am Ende eine Revolution stehen könne. Hier hat Tirpitz sich in seinen „Erinnerungen“ nachträglich eine Prophetengabe zugelegt. Auf Heinrichs Anregung, Hindenburg mit der Obersten Heeresleitung zu betrauen, resignierte Tirpitz; Hindenburg könne sich nicht selbst anbieten, so bliebe alles beim alten.

Tirpitz sprach nicht aus, daß er die eigene Hoffnung, Chef einer Obersten Seekriegsleitung zu werden, begraben hatte. Dieser Hoffnung stand Wilhelms Wille entgegen: „Ich werde nicht zwischen Mich und Meine Marine einen anderen setzen.“ Heinrich hatte Tirpitz gegenüber brieflich sein Befremden ausgedrückt, daß v. Müller unter Umgehung des Admiralstabes einen allerhöchsten Befehl übermittelt hatte, der den Beginn des U-Bootkrieges vertagte, und gefragt, wer in diesem Kriege eigentlich die Geschicke der Marine leite. Tirpitz schrieb darauf dem Prinzen: „Über die Frage, wer die Geschicke der Marine leitet, bin ich mir auch nicht klar geworden. Im übrigen kann ich den Ausführungen Eurer Königlichen Hoheit nur zustimmen." Heinrich verließ das große Hauptquartier mit der bitteren Empfindung, daß niemand ernsthaft über die Zukunft mit ihm gesprochen habe.

Bald darauf besuchte Tirpitz den Prinzen in Kiel, Heinrich holte ihn vom Bahnhof ab und begleitete ihn ins Hotel. Wieder versuchte der Prinz, den Ärger von Tirpitz' über die Untätigkeit des Flottenchefs zu besänftigen. Er wußte, daß die Flotte nach Tirpitz rief, kannte aber seinen Bruder zu gut, der glaubte, ohne den starken Mann alles selbst besser machen zu können. Im Gespräch stimmten Heinrich und Tirpitz angesichts der Wartestellungen aller Flotten überein, daß der Seekrieg in die Hände der Kapitänleutnante, der U-Boots- und Torpedobootskommandanten gelegt worden sei. Tirpitz schildert die Prinzessin Heinrich als eine sehr versierte Frau, als eine vorzügliche Gastgeberin im Schloß und bewundert ihre Aufopferung. Täglich war sie auf dem Bahnhof tätig, um die Verwundeten- und Urlauberzüge zu versorgen.

Ende April beabsichtigte Hindenburg, seinen linken Flügel über Memel hinaus nach Norden vorgehen zu lassen. Er wandte sich direkt an den Prinzen Heinrich um Unterstützung des Vorstoßes durch ein Kreuzergeschwader, das die Küste im Umkreis von Libau beschießen sollte. Heinrich stimmte zu. Bei der Besprechung der örtlichen Befehlshaber zeigte sich dann, daß das Heer viel zu weit gesteckte Leistungen der Marine erwartete, man hatte sich sogar eine Demonstration vor Riga erhofft. Immerhin wurde diesmal ein funktionierender Erkennungs- und Signaldienst verabredet, die Marine half mit Funkgerät aus.

Der Wunsch des Prinzen, ihm für einen Aufmarsch vor Windau zufällig in Kiel liegende Großkampfschiffe zuzuteilen, wurde vom Admiralstab dem Kaiser gar nicht erst vorgetragen. So beschossen nur eigene leichte Seestreitkräfte die Küste.

Sie wurden unterstützt von Fliegern, die von Flugzeugmutterschiffen aus starteten. Die Anregung, Dampfer in Flugzeugmutterschiffe umzurüsten, stammte von dem flugtechnisch sehr versierten Prinzen. Das Feuer der Schiffsartillerie erwies sich als sehr erfolgreich, die Russen zogen ihre dem deutschen Vormarsch entgegengeworfenen Truppen auf Riga zurück. Die Garnison von Libau hatte vergeblich auf das Eingreifen der Baltischen Flotte gebaut. Als sie statt dessen von einer Handvoll deutscher Kreuzer mit Feuer belegt wurde, kapitulierte sie vor dem eindringenden deutschen Angriff. Mehrere Kompanien Gefangener und große Materialvorräte wurden eingebracht.

Die Zerstörung von drei Signalstationen im Rigaschen Meerbusen durch Torpedoboote hatte schon vorher eine unverhältnismäßige moralische Wirkung ausgeübt, auf russischer Seite vermutete man eine Anlandung an der livländischen Küste. Die Beschießung Libaus mußte nach Norden gegen russische Seestreitkräfte abgesichert werden. Der Flottenchef stellte Kreuzer der IV. Aufklärungsgruppe mit drei Torpedobootsflottillen zur Verfügung. Tatsächlich kam der Gegner 50 sm nordwestlich von Libau in Sicht. Nach kurzem Gefecht entzog er sich. Als die Meldung im Kieler Schloß eintraf, setzte Prinz Heinrich die 7. Linienschiffsdivision in Marsch, die die Flotte zu seiner Disposition hielt. Sie hatte aber drei Tage lang nördlich von Gotland keine Feindberührung und wurde in die Nordsee zurückgerufen. Das Verhalten der IV. Aufklärungsgruppe unterzog Prinz Heinrich einer harten Kritik. Der Führer der Kreuzer habe die Stärke des Gegners weit überschätzt.

Im Prinzen festigte sich die Überzeugung, daß Libau auf die Dauer gehalten und als Stützpunkt genützt werden solle. Der Admiralstab winkte ab. Der Vorstoß zur Flandernküste hatte die Improvisation eines Marinekorps gefordert und damit alle Material- und Personalquellen erschöpft. Welche Absichten die

Heeresleitung mit ihrem Einbruch in Kurland verfolgte, war dem Admiralstab nicht bekannt (Firle II). Während Hindenburg und der Prinz Libau halten wollten, beharrten General- und Admiralstab auf der Zerstörung der militärischen Anlagen und des Hafens. Prinz Heinrich blieb nichts übrig, als die Vorbereitungen zum Sprengen aller Einrichtungen, die dem Gegner beim Räumen von Nutzen sein konnten, anzuordnen. Er tat es widerwillig, wurde in seiner Voraussicht bestätigt, Libau blieb in deutscher Hand. Der Wert des vorgeschobenen Stützpunktes erwies sich für die Zukunft als unschätzbar. Das zeitraubende Kohlenfassen in Danzig, das alle Unternehmungen lähmte und durch dauerndes Hin- und Zurückfahren viel von dem raren Rohstoff verschlang, wurde erheblich verkürzt.

Anfang Juni unternahm Prinz Heinrich im Kraftwagen eine Besichtigungsreise nach Swinemünde, Danzig und Libau. Was in dem neuen Stützpunkt an Aufräumungsarbeiten geleistet war, konnte sich sehen lassen. In Lötzen, dem Hauptquartier des Ob. Ost, erfuhr der Prinz von Hindenburg persönlich, daß Libau gehalten werde. Nun bahnte sich auch im Admiralstab ein Sinneswandel an. Man war bereit, zwei alte Linienschiffe der Braunschweigklasse als schwimmende Festungen mit halber Besatzung dem O.d.O. zuzuteilen. Weiterhin wurde die hartnäckige Anforderung von U-Booten durch den Prinzen belohnt. Wiederum stand ihm das gegen den russischen Panzerkreuzer „Pallada“ so erfolgreiche U 26 zur Verfügung. Das Boot versenkte nördlich von Dagö das russische Minenschiff „Jenissei“ durch einen Treffer mitschiffs.

Auf der Rückkehr von Lötzen besichtigte der O.d.O. die im Hafen von Danzig liegenden Schiffe. Der Befehlshaber der Aufklärungsstreitkräfte der Ostsee hielt ihm Vortrag über seine Absichten. Beide beurteilten die gegenwärtige Ausgangslage positiv. Während aber der B.A.d.O. für ein Zusammenhalten seines Gros zu einem Gegenschlag eintrat, der durch einen einzelnen gelegentlich auftretenden Kreuzer provoziert werden sollte, beharrte Prinz Heinrich auf einer ständigen Belagerung des Finnischen Meerbusens durch alternierende Gruppen, sprach sich also für eine Teilung der Kräfte aus.

Mit einer nachgereichten Berichterstattung des B.A.d.O. setzte sich Prinz Heinrich sehr gründlich auseinander. Er milderte ein zu starres Ablösungsschema vor dem Finnischen Meerbusen. „Theoretisch ist wohl richtig, daß die Aussichten der feindlichen U-Boote wachsen, wenn unsere Kreuzer sich in dem Beobachtungsgebiet fast dauernd zeigen. Aber man sollte nicht vergessen, daß die Praxis doch bis jetzt das U-Boot als eine Gelegenheitswaffe bewiesen hat." Der Prinz dachte immer einen Schritt offensiver als seine Befehlshaber. Diese hatten mit dem überalterten Schiffsmaterial und der Strapazierung der Besatzungen fertig zu werden. Hinzu kamen die weitgesteckten Ziele des Minenkrieges. Sowohl die Rigaer Bucht wie die Irbenstraße sollten durch Minensperren verseucht werden. Alle diese Aufgaben lagen in der alleinigen Initiative und Zuständigkeit des O.d.O.

Im Sommer hatte die russische Flotte einen neuen, erheblich aktiveren Chef erhalten. Gleich zu Beginn seiner Tätigkeit mußte dieser eine unbehinderte Beschießung Windaus durch den deutschen Küstenpanzer „Beowulf" (3) hinnehmen. Die bedrängte russische 6. Armee erwartete von der Flotte eine Entlastung durch Vorstöße in deutsches Hinterland. Am 1. Juli lief die beträchtlich verstärkte I. russische Kreuzerbrigade mit dem Auftrag aus, Memel zu beschießen. Im Nebel verlor der Verband die Fühlung, nur der Panzerkreuzer „Rurik" gelangte mit einem Zerstörer bis etwa 20 sm vor die Stadt. Er wurde zur Brigade zurückgerufen. Dennoch kam es zu Seegefechten. Das Minenschiff „Albatross" (1), gedeckt von der „Augsburg", wurde von russischen Panzerkreuzern so zugerichtet, daß es an der Ostküste Gotlands auf Strand gesetzt werden mußte. Die

Russen verschossen dabei fast ihre gesamte schwere Artilleriemunition, was ihnen bei einem kurzen Gefecht mit dem Panzerkreuzer „Roon" Zurückhaltung auferlegte. Auch als die „Rurik", das stärkste Schiff in der Ostsee, auf dem Kampffeld erschien, kam es nicht zu einem größeren Kräftemessen, weil überall Nebel die Sicht behinderte.

Aus der Weichselmündung war der B.A.d.O. zu Hilfe geeilt. An einer Stelle, wo man wegen russischer Minensperren kein U-Boot vermutete, wurde die „Prinz Adalbert" durch Torpedotreffer eines englischen Unterseebootes schwer beschädigt. Mit bedrohlichem Tiefgang kehrte das Schiff über den Achtersteven mühsam in die Kieler Bucht zurück.

Auch wenn die Russen sich vorzeitig zurückgezogen hatten, war ihnen in diesen Tagen des Ostseekrieges ein gewisser Erfolg beschieden. Der Kaiser forderte über den Admiralstab Bericht, warum vom Grundsatz der Konzentration abgewichen worden sei. Prinz Heinrich verwies auf den unzulänglichen meteorologischen Dienst und die Besteckversetzungen, die dem Seebefehlshaber die Kenntnis vom Standort seiner Streitkräfte beeinträchtigt hätten. Die Verluste wurden einer bisher berechtigten Unterschätzung des Gegners zugeschrieben, die seestrategische Lage blieb im ganzen unverändert (Firle II). Einen Erfolg hatte ein neuer deutscher Bootstyp, das Minen-Unterseeboot, zu verbuchen. Mitte August lief das größte russische Minenschiff „Lagosa" auf eine von UC 4 geworfene Sperre von nur zwölf Minen und sank.

Im gleichen Monat versammelte sich die halbe deutsche Flotte in der Ostsee. Hindenburgs Truppen waren tief nach Kurland eingedrungen, es gab Überlegungen, von Riga Besitz zu ergreifen. Prinz Heinrich würde falsch verstanden, unterstellte man, er habe für den ihm anvertrauten Kriegsschauplatz Kräfte auf Kosten anderer beansprucht. Im Gegenteil. Zu jeder Zeit behielt er den Schwerpunkt der Flottenaufgabe in der

Nordsee im Auge und ließ manche Forderungen seiner Seebefehlshaber bei der Weitergabe an Admiralstab oder Flottenchef unberücksichtigt.

In der Marine bestand große Bereitschaft, der Armee zur Seite zu stehen. Dem Chef des Generalstabes, General v. Falkenhayn, und dem Oberbefehlshaber Ost, Hindenburg, schwebte ursprünglich vor, die Eroberung Rigas mit dem Eindringen der Seestreitkräfte in den Rigabusen zu verbinden. Für die Marine bedeutete diese Kombination die Hoffnung, die russische Flotte herauszulocken und zu schlagen. Diese Hoffnung hat sich als trügerisch erwiesen. Für den Zaren blieb die Baltische Flotte der Garant einer Unversehrtheit St. Petersburgs. Da der Oberbefehlshaber Ost keinen konkreten Termin für den Vormarsch auf Riga benennen konnte, entschied der Kaiser, die Operation der Flotte in jedem Fall durchzuführen. Er stützte sich dabei nicht zuletzt auf das Votum seines Bruders in Kiel.

Zwar war die Zahl der schweren Seestreitkräfte erdrückend, aber die Minensuchverbände reichten nicht aus. Die Sperren vor der Rigaer Bucht zu räumen, beanspruchte viel mehr Zeit als veranschlagt, das Hauptziel, den Moon-Sund zu verseuchen, wurde deshalb verfehlt. Immer wieder entzogen sich russische Bewacher nach kurzem Gefecht dem Beschuß durch die überlegenen deutschen Kräfte. Der erste Einbruch in den Rigabusen wurde aufgegeben. Tirpitz, dem mit Kriegsbeginn eine beratende Funktion zugestanden war, hatte von Libau aus den Prinzen gewarnt: „Ich halte Unternehmen für gefährlich und nur berechtigt, wenn Armee auf Riga geht."

Prinz Heinrich gab nicht auf. Er befürchtete vom Rückzug, nachdem kleinere Verluste eingesteckt waren, eine negative moralische Wirkung. Im zweiten Anlauf gelang es, die sechsfache Irbensperre zu überwinden und mit mehreren Linienschiffen und Kreuzern quer durch den Rigabusen bis nach Pernau vorzustoßen. Es wurden nicht nur von See russische Batterien niedergekämpft und der Hafen mit Blockschiffen verriegelt, der Gegner zündete in Erwartung einer Landung selbst seine Vorratslager in Brand. Von der Verseuchung des Moon-Sundes sah die Oberleitung, Vizeadmiral Ehrhard Schmidt, ab, da eine Sperre binnen drei Tagen nach dem unvermeidlichen Abzug hätte geräumt werden können.

Schmidt, dem die Gefährdung der Schiffe durch zahlreiche englische und russische U-Boote – der schwere Kreuzer „Moltke" (22) erhielt einen Torpedotreffer – die begrenzten Ziele nicht wert schien, hatte abzuwägen zwischen den Befehlen des Prinzen Heinrich, die unter anderem auch die Beschießung Dünamündes vorsahen, und der grundsätzlichen und wiederholten Weisung des Kaisers, die ausgeliehenen Nordseestreitkräfte nicht durch Verluste zu schmälern. Er entschied sich für den Abbruch des Unternehmens. Prinz Heinrich war von dieser Maßnahme überrascht, erklärte sich aber nachträglich damit einverstanden, weil die Minensuchverbände tatsächlich erschöpft waren. Er bewertete den dem Feinde zu Wasser und zu Lande zugefügten Schaden und die moralische Wirkung des Durchbruchs durch das unüberwindlich scheinende Sperrgebiet hoch genug, um das Unternehmen noch als einen Erfolg anzusehen (Firle II).

Wenn Hubatsch meint, der Prinz habe im Oberbefehl keine glückliche Hand gezeigt, hat er vermutlich die Einbrüche in den Rigabusen im Sinn. Der Admiralstab, jetzt Holtzendorff, hob als Gewinn lediglich die Hebung des Kampfgeistes der Nordseegeschwader hervor, die nach öden Wartezeiten endlich zum scharfen Schuß gekommen seien. Der Kaiser schloß sich der wenig günstigen Beurteilung Holtzendorffs an.

Der Siegesjubel der Alliierten über den „Rückzug" aus dem Rigabusen konnte die Russen nicht über das bittere Faktum hinwegtäuschen, daß England die Halbierung der deutschen

Seestreitkräfte in der Nordsee nicht genutzt hatte. Hindenburgs gleichzeitige Offensive, die nicht Riga, wohl aber Warschau, Kowno und Brest-Litowsk eroberte, brachte die russische Kriegsleitung aus der Fassung. Der Zar übernahm an Stelle des Großfürsten Nikolaj Nikolajewitsch den Oberbefehl der Westfront. Auch der russischen Marineleitung bemächtigte sich eine gewisse Ratlosigkeit, die knapp gewordenen Minenbestände verboten weiterreichende Unternehmungen.

Im Oktober gab es für die deutsche Seite schwere Verluste durch englische U-Boote. Der alte Panzerkreuzer „Prinz Adalbert" und der Kreuzer „Undine" (34) wurden durch Torpedotreffer versenkt. Unentwegt tüftelte der O.d.O. mit seinem kleinen Stab an Abwehrmaßnahmen gegen die bis in die westliche Ostsee vorrückende U-Boot-Gefahr. Auch mehrere Handelsschiffe waren ihr schon zum Opfer gefallen. Durch den hohen Bedarf an Offizieren für den eigenen uneingeschränkten U-Boot-Krieg wurden die Bewachungskräfte ausgekämmt. Prinz Heinrich, der von Geleitzügen in der Ostsee wenig hielt, ging dazu über, U-Boot-Fallen zu postieren.

Im Dezember trafen der Kaiser und sein Bruder in Libau zusammen, Holtzendorff und Tirpitz waren zugegen. Die Ansichten prallten aufeinander. Der Kaiser rügte Tirpitz, weil er einer Anregung des Prinzen, ein für Argentinien bestimmtes Torpedoboot mit 10-cm-Geschützen nachzubauen, nicht stattgegeben hatte. Den Wunsch des O.d.O., den Hafen von Libau durch schwere Küstenbatterien zu befestigen, lehnte der Kaiser ab. Heinrich hielt Libau für ein Faustpfand beim Friedensschluß. Tirpitz wollte von Annexionsplänen in dieser Region nichts wissen, seine Absichten waren auf Flandern gerichtet. Heinrich vermutete hinter dem abschlägigen Bescheid seines Bruders zu Recht den Chef des Admiralstabes, v. Holtzendorff. Spätestens von hier ab datiert Prinz Heinrichs Animosität gegen ihn.

Nachdem auch noch der Kreuzer „Bremen" (8) durch Minentreffer gesunken war, äußerte sich der Kaiser abfällig über die hohen Verluste in der Ostsee bei mangelnden Erfolgen. Der Chef des Admiralstabes forderte vom Prinzen Berichterstattung zum Vortrag beim Kaiser. Heinrich verwahrte sich: „Ich ersuche Seiner Majestät dem Kaiser zu melden, daß meiner Auffassung nach die im Operationsplan gestellten Aufgaben vollauf erfüllt sind. Wir beherrschen die Ostsee, und das Beschämende eines Angriffs russischer Streitkräfte auf die deutschen Küsten ist uns erspart geblieben. Mit den zur Verfügung stehenden Mitteln konnte nur ein großer Glücksfall militärischen Erfolg bringen. Daß wir nicht schon früher, und zwar im offenen Schiffskampf, erheblich mehr Verluste erlitten haben, ist auf die geringe Tatkraft der russischen Führer und darauf zurückzuführen, daß die Russen die bei uns vorliegenden Verhältnisse nicht erkannt haben. Ich bin mir nie im Zweifel gewesen, daß diese Täuschung eines Tages versagen könnte... Die Bemerkung Seiner Majestät empfinde ich besonders hart im Hinblick auf die mir unterstellten Seebefehlshaber und die Besatzungen S.M. Schiffe, die mit fast durchgängig minderwertigem Material und unter den schwierigsten Verhältnissen das Höchste geleistet haben."

Der Rüge folgte Besänftigendes vom Admiralstab: „Seine Majestät der Kaiser verkennen in keiner Weise die außerordentlich schwierigen Verhältnisse, unter denen die Ostseestreitkräfte zu operieren gezwungen sind, da die Gesamtkriegslage und die Beschränktheit unserer Mittel es mit sich bringen, daß für den Schutz des für uns so wichtigen Ostseehandels nur schwache Streitkräfte und zum größten Teil nur älteres Material zur Verfügung gestellt werden kann... Auch stehen Seine Majestät nicht an, diese Aufgabe als bisher gut gelöst zu bezeichnen und dafür Allerhöchst seiner Anerkennung Ausdruck zu verleihen."

Nachzutragen ist an dieser Stelle ein Brief des Prinzen an Tirpitz vom September 1915. Tirpitz hatte dem Kaiser ein Abschiedsgesuch eingereicht, weil er sich vom Reichskanzler in der U-Boot-Frage übergangen fühlte. Heinrich schrieb ihm: „Mein lieber Tirpitz... Sie haben sich einen Namen gemacht und eine Stellung im deutschen Volk sowie im Auslande geschaffen, die es mit sich bringt, daß unser Volk Ihr Ausscheiden bedauern, das Ausland triumphieren würde! Daß Sie sich in einem schweren seelischen Kampf befinden, ist begreiflich, deshalb rate ich Ihnen, sich auf einige Zeit von den Geschäften zurückzuziehen, bis ruhige, klare und nüchterne Überlegung wieder Platz gegriffen habe. Dieser Brief bedarf nicht der Erwiderung, er soll Sie nur meiner aufrichtigsten Sympathie versichern und versuchen, Ihre Abschiedsgedanken zu verscheuchen! Das Wort ‚Durchhalten' gilt auch für Sie persönlich! Hoffend, daß es mir gelungen sein möchte, Sie in Ihrem Vorhaben umzustimmen, und Sie bittend, einmal in Ihrem Leben auf mich hören zu wollen, verbleibe ich, mein lieber Tirpitz, Ihr treu anhänglicher alter Kamerad Heinrich v. Preußen." Das Rücktrittsgesuch wurde nicht angenommen.

1916–1918

Der Winter hielt die russischen Seestreitkräfte im Eise fest, die Erzeinfuhr aus Schweden und der Kohleexport nach dort ließen sich fast ungestört abwickeln. Der O.d.O. hatte gegen den anfänglichen Widerstand der Reeder, auch gegen seine eigene ursprüngliche Auffassung ein Geleitzugsystem in der Ostsee durchgesetzt, das sich bewährte. Im übrigen mußte der Prinz seine bisherige Taktik, den Gegner durch Vorstöße einzuschüchtern, aufgeben, weil der Admiralstab seine maßvollen Forderungen nach Kreuzern und U-Booten erheblich beschnitten hatte. Reichlich ausgestattet wurde er mit Minen, allmählich überflügelte die deutsche Seite die russische in der Minentechnik.

Die Blockade der russischen Häfen schritt fort. Vor dem Kriege habe man, wie Heinrich seinem Bruder schrieb, die Mine für ein undeutsches Kampfmittel gehalten. „Ich habe aber im Verlauf des Krieges fast ausschließlich mit diesem Mittel arbeiten müssen. Es war nicht leicht bei dem Draufgängertum, das unserem Offizierkorps innewohnt, die Überzeugung zu wecken, daß man sich auf einen ausgedehnten Minenkrieg zu beschränken habe." Auch die Netzsperren wurden verbessert und wirksamer. Prinz Heinrich war einer der wenigen Seeoffiziere, die sich darauf verstanden, technische Neuerungen frühzeitig in ihrem Wert zu erkennen und an ihrer praktischen Verwendung herumzubasteln. Immer wieder unternahm er Versuche, die Marineluftwaffe, Luftschiffe wie Wasserflugzeuge für die Aufklärung und zu Bombardements zum Beispiel des Linienschiffs „Slawa" und der Werften von Reval ins Spiel zu bringen.

Zu Kaisers Geburtstag hielt sich der Prinz in Berlin auf. Ein neues Ölbild des Kaisers zu Pferde wurde gebührend bewundert, am meisten vom Porträtierten selbst. Dabei soll Heinrich einem Superintendenten gegenüber geäußert haben, man müsse den Kaiser anbeten (v. Müller). Die Tagebücher des Kabinettschefs sind nicht frei von Häme. So mag man am Wortlaut der Zitate manchmal zweifeln, unbezweifelbar bleibt, daß die Bewunderung des Prinzen für seinen kaiserlichen Bruder nahezu grenzenlos war und uns ein unlösbares Rätsel aufgibt.

Folgt man v. Müller, hat sich Heinrich in Berlin sehr deutlich für den uneingeschränkten U-Bootkrieg ausgesprochen, den sein Bruder aus Rücksicht auf einen Kriegseintritt der USA noch scheute, ja, Heinrich soll den Eroberungsplänen der Alldeutschen beigetreten sein. Nur um die Brüder zu trennen, schlug der Kabinettschef dem Kaiser eine Inspektionsreise nach Wilhelmshaven vor, Prinz Heinrich gehöre nach Kiel. Heinrich spürte, daß sein Bruder den Anstrengungen in Wilhelmshaven ausweichen wollte, und bat seinerseits, abreisen zu dürfen. Hierbei sollen sehr harte Worte des Kaisers gegen Heinrich gefallen sein, weil der Prinz sich abfällig über Holtzendorff, den Chef des Admiralstabes, geäußert habe. Der Kabinettschef will abgewiegelt haben (Görlitz).

Nach der Skagerrakschlacht lag eine Vielzahl von beschädigten Schiffen auf den Werften. Der Flottenchef, Admiral Scheer, vermochte daher einem Wunsch des Generals v. Falkenhayn, die Marine möge durch einen Vorstoß verhindern, daß Kräfte der russischen Nordfront zugunsten einer Offensive in Galizien verlegt würden, nicht zu entsprechen. Die Russen vermuteten zu Recht, daß von englischer Seite nach den Verlusten im Skagerrak kein Angriff auf die Deutsche Bucht zu erwarten war, befürchteten vielmehr eine deutsche Landung in Livland mit den freigesetzten Kräften. Ihrerseits planten sie ein großangelegtes Landemanöver an der kurländischen Küste mit zwei Divisionen. Die Vorbereitungen wurden erkannt. Prinz Heinrich verzichtete darauf, seine Torpedobootsflottillen gegen die Landungsflotte anzusetzen, deren Sicherung ihnen hohe Verluste eingetragen hätte. Er behielt sich die Verwendung gegen ein Auslaufen der Baltischen Flotte vor. Dazu kam es nicht. Nach dem Verlust von zwei Zerstörern versagte sich der russische Flottenchef dem riskanten Landungsunternehmen. Als die Gefahr gebannt war, wechselte der Oberbefehlshaber Ost, Hindenburg, mit Ludendorff ins große Hauptquartier im Westen über.

Prinz Heinrich setzte die offensive Verteidigung mit einigem Erfolg fort. Der Kleinkrieg ging weiter. Dem Grabenkrieg an der Westfront entsprach der Minenstellungskrieg in der Ostsee. Eine neue Waffe, das Torpedoflugzeug, enttäuschte, da sie noch nicht frontreif war. Bei einer Besichtigung Libaus im Juli sprach sich der O.d.O. erneut für ein Schwergewicht bei U-Boots-Unternehmen und durch Minensperren aus. Überwasserstreitkräfte und Flugzeugbombardements könnten wenig ausrichten. Das galt auch bald für einen kühnen Luftangriff auf Reval, der nur eine nicht zu überschätzende moralische Wirkung ausübte. Am 1. August zeichnete der Kaiser seinen Bruder mit dem Pour le mérite aus.

Der erfolgreiche Vorstoß von Torpedobooten in den englischen Kanal regte Heinrichs Seebefehlshaber an, einen Torpedobootsdurchbruch in den Finnischen Meerbusen zu wagen.

Die Abstimmung mit dem Prinzen erwies sich als unzulänglich, über die Minengefährdung bestanden Mißverständnisse. Wie sich herausstellte, lohnte das Ziel nicht den Einsatz. Zwar wurden in Baltisch Port durch Sprenggranaten Zerstörungen angerichtet, aber kein feindliches Schiff angetroffen. Fast zwei Drittel der neuen Torpedoboote gingen bei geringen Personalverlusten durch Minen verloren. Wie immer nahm Prinz Heinrich die Verantwortung für das mißlungene Unternehmen, gegen das er Bedenken geäußert hatte, auf sich. Der Kaiser entsprach seinem Vorschlag, den zuständigen Seebefehlshaber abzulösen.

Wäre es nach dem Wunsch des Prinzen gegangen, hätte er seinen Befehlsstand von Kiel nach Danzig oder Libau verlegt, um auf kürzerem Strang in das Geschehen eingreifen zu können. Dagegen sprach die zweifelhafte Haltung der Neutralen, Dänemark und Norwegen. Ihre Sympathie lag auf seiten Englands, in der dänischen Bevölkerung verbunden mit dem alten Gedanken, Nordschleswig zurückzugewinnen. Vermutungen, Großbritannien wolle eine zweite Front in Jütland errichten, verstummten nicht. Heer und Marine rivalisierten, in wessen Hand bei der Verteidigung der Oberbefehl auf diesem eventuellen Kriegsschauplatz zu liegen habe. Der Flottenchef, Admiral Scheer, schlug vor, in diesem Fall die Flotte ins Kattegat zu verlegen und sich dann dem Prinzen Heinrich zu unterstellen. Eine Entscheidung des Kaisers ist nicht bekannt geworden. Es blieb beim Oberkommando der Küstenverteidigung unter Generaloberst v. Heeringen, einem Stab, dem Truppen erst zuzuführen waren.

Das erste Vierteljahr 1917 wurde von einem besonders harten Winter bestimmt. Nicht nur Windau und Libau waren völlig vereist, auch die Kieler Förde war zugefroren. Dem O.d.O. wurden weitere Kräfte entzogen. Die Mehrzahl der U-Boote ging für den uneingeschränkten U-Bootkrieg in die

Nordsee und zu den Flandernflottillen, für U-Boot-Indienststellungen wurde das Personal überall weiter verdünnt. Es fehlte besonders an Offizieren. Im Januar äußerte sich Prinz Heinrich im großen Hauptquartier in Pleß, wenn der uneingeschränkte U-Bootkrieg ein Jahr früher begonnen hätte, wäre es nicht zur Somme-Schlacht gekommen. Der Prinz sah seine Aufgabe jetzt darin, „ohne größere Verluste den Feind auf seine Gewässer zu beschränken und den Handel vor ernsthaften Störungen zu bewahren". Das hieß, auf den Einsatz von Überwasserstreitkräften praktisch zu verzichten. 1917 kamen 5 Millionen Tonnen Eisenerz über die Ostsee, russische U-Boot-Angriffe auf Geleitzüge erschöpften sich in durchweg erfolglosen Einzelaktionen.

Für die russische Flotte brachte die Märzrevolution eine erhebliche Schwächung. Stellte sich die Marine unter einem neuen Chef auch Kérenskij zur Verfügung, bedeutete doch die Ermordung von mehreren Admiralen und über hundert Marineoffizieren einen schweren Aderlaß. Ältere Kommandanten, die die Marine verließen, mußten durch unerfahrene ersetzt werden. In Kronstadt und in Helsingfors waren die Einflüsse des Soldatenrats stärker als in der Frontregion. Auf den Werften setzte ein Schlendrian ein, Bordversammlungen entschieden über Dampfaufmachen und Auslaufen der Schiffe.

Centrobalt, der zentrale Soldatenrat, befand über alle Marinefragen. Nach der Oktoberrevolution, um es in diesem Zusammenhang vorwegzunehmen, ersetzte Centrobalt das Flottenkommando. Die oberste Instanz, die Matrosen beschäftigten in erster Linie Fragen der Löhnung und Verpflegung. 1918 gründete der Rat der Volkskommissare die „Rote Marine".

Der dänische Hof ließ bei Wilhelm II. anfragen, ob von deutscher Seite eine Rettung der in Zarskoje Selo gefangengehaltenen Zarenfamilie ermöglicht werden könnte. Der Zar war bereit, nach England zu gehen, Kérenskij erklärte sein Einverständnis. Der Kaiser kümmerte sich um jedes Detail der Passage. Nach Durchlaß im Nordabschnitt der Ostfront hatte ein Sonderzug mit Ehrenwache bereitzustehen. Prinz Heinrich erhielt Befehl, ein Schiff mit Zarenstandarte (!) bereitzuhalten, das von Torpedobooten durch die Minenfelder zu geleiten sei (Victoria Luise). Lloyd George durchkreuzte diese Pläne. Er weigerte sich, dem Zaren Asyl zu gewähren, und forderte Kérenskij auf, den Krieg mit allen Mitteln fortzusetzen.

Als Prinz Heinrich sich im Juni wieder im großen Hauptquartier aufhielt, versuchte Ludendorff, ihn gegen den Reichskanzler v. Bethmann Hollweg einzunehmen. Heinrich blieb standhaft. Man müsse den Kanzler stützen, solange er das Vertrauen des Kaisers genieße. In der Frage des uneingeschränkten U-Bootkrieges hatte Wilhelm II. über Monate die Auffassungen des Kanzlers gutgeheißen. „Wo Differenzen zwischen der Marine und der politischen Leitung sich andeuteten, trat die öffentliche Meinung fast ohne Ausnahme auf die Seite der ersteren“ (v. Bethmann Hollweg). Prinz Heinrich unterschied also zwischen der eigenen Befürwortung des uneingeschränkten U-Bootkrieges und der Person des Kanzlers, der sich bis zuletzt gegen eine Verschärfung des U-Boot-Einsatzes gewehrt hatte.

Der Chef der Marinekabinetts versuchte einmal wieder, auf den Prinzen einzuwirken. Heinrich solle dem Bruder nahelegen, mehr seinen Pflichten zu leben und auf die ausgedehnten Weekends in Bad Kreuznach zu verzichten. „Der Prinz hörte artig zu“ (Görlitz). Heinrichs Einflußmöglichkeiten beim Bruder wurden weithin überschätzt, meist beschränkte er sich darauf, dem Kaiser zuzuhören. Nur in seinem Kommandobereich wahrte er nach Kräften seinen Führungsanspruch.

Das Reichsmarineamt, Tirpitz, war von Admiral v. Capelle als Staatssekretär abgelöst worden, hatte auf Intervention des

Reichstages das Verteilen von Propagandamaterial der Alldeutschen und der Vaterlandspartei bei den Besatzungen als nicht angängig bezeichnet. Heinrich verbat sich die Einmischung: „Als militärischer Befehlshaber halte ich mich allein für die Aufrechterhaltung einer guten Disziplin und eines königstreuen vaterländischen Geistes in meinem Befehlsbereich in vollem Umfang Seiner Majestät gegenüber verantwortlich." Der Prinz vertrat sogar die Ansicht, daß reaktivierte Offiziere in die Vaterlandspartei eintreten könnten. Er bestritt deren Charakter einer politischen Partei. „Hiernach wäre mithin auch gegen den Beitritt aktiver Marineangehöriger grundsätzlich nichts einzuwenden." Er warnte allerdings vor dem Eindruck in der Öffentlichkeit, das Militär stünde hinter der Neugründung. Deshalb seien Geldspenden wohl besser als eine aktive Mitgliedschaft. Alldeutsche Propaganda sei ein unpolitisches Gegengewicht gegen die subversiven Schriften der USPD. Er appellierte an die Offiziere, jeden Luxus zu meiden und sich um Kontakt mit den Untergebenen zu bemühen (Herwig). Erst im Februar entschied der Kaiser, die Vaterlandspartei sei eine politische Organisation, der Offiziere nicht beitreten dürften.

Heinrich war zeitweise einer Kanzlerschaft von Tirpitz, dem Gründer der Deutschen Vaterlandspartei, nicht abgeneigt, der Kaiser hielt nichts davon. Zusammengefaßt läßt sich sagen, daß Heinrich gegenüber allen Instanzen auf seinen Immediatrecht beharrte, sich aber öffentlich nie in einen Gegensatz zu seinem Bruder brachte.

In den bisherigen Ergebnissen des Kleinkrieges konnte der Prinz seine Strategie bestätigt finden. Den Russen stand 1917 nur noch ein Viertel der Minen zu Gebote, die sie im Vorjahr ausgebracht hatten, sie selbst erlitten durch Minentreffer nicht unerhebliche Verluste an Zerstörern, Torpedobooten und U-Booten. Die deutsche Marineluftwaffe, Großflugzeuge und

Einsitzkampfflieger, erwies sich als dem Gegner überlegen. Am 3. September nahmen Truppen der 8. deutschen Armee, unterstützt von bescheidenen Marinekräften, Riga fast kampflos ein. Mit Dünamünde wurde ein neuer U-Boot-Stützpunkt gewonnen. Lediglich die weitreichenden Batterien auf der Halbinsel Sworbe hatten dem Unternehmen Widerpart geleistet. Die erforderliche Seeherrschaft im Rigaschen Meerbusen rückte den Plan einer Eroberung der Baltischen Inseln, oft erwogen und wieder zurückgestellt, in die Nähe.

Als die Oberste Heeresleitung Anfang September beim Admiralstab anfragte, ob die Marine bereit wäre, die Anlandung einer verstärkten Felddivision zu übernehmen und zu decken, erklärte sich der Chef der Operationsabteilung dazu sofort bereit, obwohl die Vorbereitungen zu einer so großen Aktion in den Anfängen steckten und die Jahreszeit fortgeschritten war. Wiederholt hatte der Admiralstab eine solche Unternehmung angeregt, ohne daß der Generalstab darauf eingegangen war. Jetzt durfte sich die Marine nicht verweigern.

Während der Kaiser in Riga weilte, hatte Prinz Heinrich ihm seine Bedenken gegen eine so große amphibische Operation, für die jede Erfahrung fehle, vorgetragen und empfohlen, das Unternehmen ins Frühjahr zu verlegen. Der Kaiser zeigte sich äußerst ungnädig, weil er über eine Beteiligung der Marine noch nicht unterrichtet war. Als der Vortrag v. Holtzendorffs wenige Tage später im großen Hauptquartier nachgeholt wurde, entschied sich der Kaiser zugunsten der Operation.

Bei einer Besprechung des Generalstabes und des Admiralstabes in Berlin mußte die Befehlsregelung erörtert werden. Der Prinz war zugegen. Er gedachte, die Gesamtoperation von Libau aus zu führen, erwartete also, daß ihm auch die Heeresverbände unterstellt würden. Dem hielt der Flottenchef entgegen, daß ein Unternehmen dieser Größenordnung, an dem einige hundert Schiffe und Boote beteiligt seien, von ihm selbst und seinem eingefahrenen Flottenstab geleitet werden müßte. Das Heer verwies darauf, der Marine falle nur eine unterstützende Rolle zu, die Verantwortung müsse beim Generalkommando verbleiben. Die Lösung aus dem Kompetenzenstreit fand der neue Oberbefehlshaber Ost, Prinz Leopold von Bayern. Er schlug vor, die höchsten Befehlsinstanzen, den O.d.O., den Flottenchef und sich selbst von der unmittelbaren Einwirkung ins Geschehen auszuklammern und die Befehlsgewalt bis zur Anlandung dem Seebefehlshaber, danach dem Truppenbefehlshaber zu übertragen.

Am 18. September genehmigte der Kaiser den Operationsbefehl, gezeichnet durch Hindenburg und Holtzendorff:

„Seine Majestät befehlen:

1.) Zur Beherrschung des Rigaischen Meerbusens und zur Sicherung der Flanke des Ostheeres sind durch gemeinsamen Angriff von Land- und Seestreitkräften die Inseln Ösel und Moon zu nehmen, der Große Moon-Sund für die Durchfahrt feindlicher Seestreitkräfte zu sperren.
2.) Hierzu stellen:
   a) Ob. Ost: das Landungskorps (eine verstärkte Inf. Div.) unter Befehl des Gen. Kdr. XXIII R.;
   b) die Marine: die Deckungsflotte und die Transportflotte.
3.) Die Oberleitung des ganzen Unternehmens wird dem Oberkommando der 8. Armee übertragen.
4.) Die Durchführung des Seetransportes und dessen Schutz leitet der Führer der Seestreitkräfte. Seinem Befehl sind die eingesetzten Teile des Landheeres für die Dauer bis zum Augenblick des Gelandetseins unterstellt. Nach erfolgter Landung hat der Führer der Seestreitkräfte den Anforderungen des A.O.K. 8 bzw. denen des Führers des Landungskorps mit allen verfügbaren Kräften zu entsprechen.“

Prinz Heinrich mußte es verwinden, daß sein Befehlshaber der Aufklärungsstreitkräfte der Ostsee dem Chef des „Sonderverbandes“, Vizeadmiral Ehrhard Schmidt, unterstellt wurde, der damit über einen Schlachtkreuzer, über zwei Linienschiffgeschwader, zwei Kreuzergruppen und vier Torpedobootsflottillen verfügte. Der Flottenchef, Admiral Scheer, hielt einen britischen Angriff auf die Deutsche Bucht für wenig wahrscheinlich, obwohl die Engländer den Russen die Unternehmung gegen die Baltischen Inseln frühzeitig angekündigt hatten, also im Bilde waren. Prinz Heinrich war aufgegeben, die westliche und mittlere Ostsee, von nahezu den letzten Sicherungskräften entblößt, gegen einen Eindringling aus Belten und Sund zu verteidigen.

Hierzu kam es nicht. Im Gegenteil, die Engländer stellten nach Ablauf des Unternehmens ihren U-Bootkrieg in der Ostsee ein. Da Prinz Heinrich von den Operationen ausgeschlossen war, kann auf ihre ausführliche Darstellung hier verzichtet werden. Außer Ösel und Moon wurde auch die Insel Dagö erobert. 20 000 russische Soldaten gerieten in Gefangenschaft, das Linienschiff „Slava“ mußte sich nach Treffern sprengen. Die Demoralisierung der baltischen Flotte schritt fort, es kam zum Waffenstillstandsangebot. Am 3. November wurde der Sonderverband aufgelöst, die Verantwortung auch für die östliche Ostsee fiel an Heinrich zurück.

Mehrfach mußte der O.d.O. durchgreifen, als Transportschiffe für die Umgruppierung der Heereseinheiten durch Minentreffer sanken. Teils handelte es sich um unerlaubte Einzelfahrten, die Befehlsstruktur war unklar, oft fehlte es an Seekarten mit den eingetragenen Sperrgebieten. Prinz Heinrich setzte durch, daß seine Minensuch- und Minenräumstreitkräfte, die auch die Hauptlast bei der Eroberung der Baltischen Inseln getragen hatten, aus der Nordsee aufgefüllt wurden.

Im November wurde dem Prinzen der Chef seines Stabes

durch das Marinekabinett abkommandiert. Heinrich beklagte sich bei v. Müller und vermutete, daß v. Holtzendorff dahinterstecke. Dieser Brief war noch sehr kameradschaftlich gehalten. Zwei Wochen später brachte er seine Beschwerde mündlich an, als er mit Prinzessin Irene das Kaiserpaar in Bad Homburg besuchte. Er könne sich nur wundern, daß v. Müller im Hauptquartier noch geduldet werde (Görlitz). Bei einem Werftbesuch des Kaisers in Kiel betonte Heinrich nach der Ablösung v. Müllers durch v. Trotha, der Kabinettschef habe immer das Beste gewollt, sei aber als Höfling der Front entfremdet gewesen.

Schon einige Wochen vor Abschluß des Friedensvertrages von Brest-Litowsk legte Heinrich den Oberbefehl über die Seestreitkräfte der Ostsee nieder. Die Kampfhandlungen waren eingestellt worden, die Schiffe fuhren ohne Sicherheitsgeleit, die englischen U-Boote verließen Hängö seit langem nicht mehr. Die bisherigen Aufgaben des Prinzen fielen wie in Friedenszeiten an den Chef der Marinestation der Ostsee zurück. An der Befreiung Finnlands, bei der ein Sonderverband der Flotte unter Konteradmiral Meurer mitwirkte, hatte Prinz Heinrich keinen Anteil mehr.

Unter seinem Oberbefehl haben die begrenzten Marinestreitkräfte der Ostsee dreieinhalb Jahre lang das Feld behauptet. Der Prinz erfüllte sein Pensum redlich und zielstrebig, er war in seiner fürsorglichen Kameradschaft beim Offizierkorps und bei den Besatzungen sehr beliebt. Der Bruder zeichnete ihn im Februar 1918 mit dem Eichlaub zum Pour le mérite aus. Als auch Holtzendorff mit der gleichen Verleihung bedacht wurde, schnitt Heinrich diesen. Im Neuen Palais kam es zum Eklat. Heinrich, der ohne Kommando mit dem Admiralstab nichts mehr zu tun hatte, äußerte sich trotzdem wieder abfällig über v. Holtzendorff. Der Kaiser hätte den Vorwürfen durch einen Bericht Holtzendorffs nachgehen können. Er beschränkte sich auf einen Zornesausbruch. Heinrich bemerkte später zum Kaiser, der Holtzendorffs Bitte, krankheitshalber abgelöst zu werden, entsprach, dabei hätte wohl etwas nachgeholfen werden müssen (Görlitz). Der Kaiser, v. Koester und Tirpitz sind von Heinrich zu allen Zeiten respektiert worden, gegen den fünften Großadmiral, außer ihm selbst, muß ihn eine Art Eifersucht aufgestachelt haben.

Mit dem Dienstantritt Scheers als Chef des Admiralstabes fand der fiktive Oberbefehl des Kaisers über die Marine ein Ende. Jetzt gab es eine selbständige befehlsbefugte Seekriegsleitung, endlich war die zweckmäßige Gliederung der Marineführung gefunden. Heinrich wurde jetzt häufiger vom Bruder an die Westfront eingeladen. Gegen Wilhelms Einspruch wagte er sich öfters bis in die vorderen Linien vor. Im großen Hauptquartier waren Stimmen laut geworden, der Kaiser gehöre nach Berlin, wo Streiks die Widerstandskraft lähmten. Heinrich hielt nach Abschluß des Sondervertrages mit der Ukraine an der kaiserlichen Tafel im großen Hauptquartier eine Rede auf seinen Bruder, in der er ihn als Vorbild militärischer Pflichterfüllung hinstellte. Admiral v. Müller fragte sich: „Blindheit oder Verlogenheit?“ (Görlitz). Müller hätte den Prinzen aus einem lebenslangen Zusammensein besser kennen müssen: Verlogen ist Heinrich nie gewesen.

Hemmelmark und Doorn

Am 4. November 1918 ging auf den Schiffen des III. Geschwaders in der Kieler Förde die rote Flagge hoch. Das Offizierkorps war fassungslos. Einiger Widerstand kam von den Deckoffizieren. Prinz Heinrich und sein engster Hofstaat stahlen sich einzeln aus dem Schloß und versammelten sich in der Wohnung des Hofmarschalls. Von hier ging die Fahrt, durch rote Autowimpel und Armbinden getarnt, in Richtung Hemmelmark. Am Kanal, in Höhe Levensau, wurde der Wagen des Prinzen von einem liegengebliebenen Lastwagen her durch rote Matrosen angehalten. Der Fahrer des Prinzen reparierte deren Fahrzeug. Als er das eigene Auto in Gang setzte, versuchten zwei Männer des Lastwagens, auf dem Trittbrett nach Eckernförde mitzufahren. Einer wurde heruntergeschossen, der andere sprang wieder ab. Prinzessin Irene erlitt einen Streifschuß am Arm (Thomsen).

Noske, dem Vorsitzenden des Arbeiter- und Soldatenrates und Gouverneur von Kiel, wurde gemeldet, der Prinz habe den Matrosen erschossen. Heinrichs Chauffeur drang bis zu Noske vor und überzeugte ihn, daß der Matrose durch die eigenen Genossen abgeknallt worden wäre, weil sie vermuteten, er wolle sich Heinrich anschließen. Noske verzichtete auf eine Strafverfolgung des Prinzen, forderte dann aber von ihm die Rückzahlung des Dezembergehalts eines Großadmirals, etwa dreitausend Mark. Heinrich entsprach dem.

Lenins Bemerkung, daß die Deutschen erst eine Bahnsteigkarte lösen, bevor sie auf dem Bahnhof eine Revolution machen, wurde durch Heinrichs Behandlung bestätigt. Der Umzug des Schloßinventars nach Hemmelmark vollzog sich unter den Augen der Revolutionäre bürokratisch korrekt. Das Hofmarschallamt hatte vom Gouverneur Ausweise erbeten, mit denen die Kutscher die Transporte durch die Kontrollen bringen konnten. „Wenn ein Sicherheitsbeamter von uns beim Verladen zugegen ist, kann eine Bescheinigung ausgestellt werden“, lautete die Antwort vom Vorsitzenden des Soldatenrats. Vor der Villa des Korvettenkapitäns Prinz Adalbert, des dritten Sohns des Kaisers, ließ Noske sogar einen Posten aufziehen, damit der Prinz unbehelligt bliebe. Alles hatte seine Ordnung. Dem Kieler Gärtnermeister Adolph Petersen schrieb der Hofmarschall: „Da S.Kg. Hoheit seinen Wohnsitz nach Hemmelmark verlegt hat, erübrigt sich die weitere Unterhaltung des Schloßgartens. Ich kündige daher den mit Ihnen am 15. 5. 1902 geschlossenen Vertrag zum 1. 4. 1919“ (Seebach).

Auf Hemmelmark widmete sich Prinz Heinrich bald der Gartenarbeit und besann sich auf das in der Jugend erlernte Handwerk, er band für die Kinder seiner Mitarbeiter Schulbücher ein. Um die Details der Landwirtschaft hat er sich nicht viel gekümmert, und er hat sich auch kaum als Jäger betätigt. Dagegen fand die Forstwirtschaft sein reges Interesse, der Samen der japanischen Erle, den er vor zwanzig Jahren mitgebracht hatte, war prächtig aufgegangen.

Hauptsorge der Familie blieb die Auslieferungsliste. Hundert Deutsche, zu denen auch der ehemalige Kaiser und Prinz Heinrich gehörten, sollten vor einem alliierten Gerichtshof abgeurteilt werden. Faustpfand für die Auslieferung waren die deutschen Kriegsgefangenen in alliierter Hand. Bei einem Interview für die Hearst-Presse verwahrte sich Heinrich gegen die Einstufung als Kriegsverbrecher. In den Vereinigten Staaten trat in dieser Frage bereits ein Stimmungsumschwung ein. Die Reichsverfassung von Weimar verbot die Auslieferung. Zwei Jahre nach dem Waffenstillstand wurden die letzten Kriegsgefangenen entlassen, das Junktim war unwirksam geworden.

In den Kapp-Putsch war der Prinz nicht eingeweiht, und er hat sich auch nicht daran beteiligt. Aufregung verursachte der Besuch eines befreundeten estnischen Barons, der in der Umgebung von Hemmelmark für einen russischen Großfürsten und Verschwörer gehalten wurde. Patrouillen unter Gewehr zogen vor dem Herrenhaus auf, der Prinz erhielt eine Vorladung zum Verhör ins Gewerkschaftshaus von Eckernförde und kehrte erst nach drei Tagen ziemlich verhungert zurück. Er hatte sich nicht nur seiner Gegner zu erwehren, auch wohlmeinende Kameraden machten ihm zu schaffen. So hatte ein Offizier ohne Wissen Heinrichs eine Kiste mit Handgranaten zur Schloßverteidigung in der Kammer für die Jagdgewehre versteckt. Sie wurden bei einer Hausdurchsuchung entdeckt, den Prinzen zitierte man noch in der Nacht im Pferdewagen zum Regierungspräsidenten nach Schleswig. Das Protokoll, das er niederlegte, überzeugte. 1922 erhielt er sein Auto zurück.

Kummer bereitete dem Prinzen, daß der zweite Sohn Sigismund nach Zentralamerika auswandern wollte, um Kaffeepflanzer zu werden. Zurückgelassen mit dem kranken Waldemar, standen die Eltern am Pier des Hamburger Hafens und mußten den kräftigen jungen Mann ziehen lassen. Wenige Jahre vor seinem Tode hat Prinz Heinrich den Sohn Sigismund in Costa Rica besucht. Ihn zur Heimkehr zu bewegen, gelang

Heinrich nicht. Sigismund verstarb Ende der 70er Jahre in Puntarenas.

Bald kamen die ersten Gäste nach Hemmelmark, so Heinrichs Schwester, die Königin Sophie von Griechenland. Gelegentlich besuchte Prinz Heinrich die „Blühende Linde“, einen Stammtisch des Skagerrak-Clubs. Der Name war von ihm geprägt worden, als er den unter der blühenden Linde versammelten Getreuen des Marine-Offizier-Kasinos für einen Glückwunsch dankte. Die britische Besatzungsmacht untersagte nach der Kapitulation das „Skagerrak“ im Clubnamen, er heißt heute Föhrde-Club. Ein Bild des Prinzen hängt im sogenannten Kaiserzimmer des Clubs.

Im Winter 1924 lag das Linienschiff „Braunschweig“ (7) in der Nähe Hemmelmarks vor Anker. Sein Kommandant lud Prinz Heinrich und Prinzessin Irene zum Abendessen in die Offiziersmesse ein. Zwei Leutnante holten das Paar in einer Pinasse ab. Heinrich trug Großadmiralsuniform. Die Stimmung an Bord soll sehr gehoben gewesen sein. Ein Pantrygast schüttete aus Versehen Irene Suppe über das Kleid. Sie trug es mit Fassung und Heiterkeit. Unter Fackeln wurden die Besucher von Bord geleitet. Weniger bekannt geworden ist ein Besuch des Großadmirals auf der „Hessen“ (14), bei dem er die Front der angetretenen Divisionen abschritt. Aufsehen erregte ein dritter Aufenthalt des Prinzen bei der Reichsmarine, diesmal auf dem Schulkreuzer „Berlin“ (4). Der Großadmiral hielt nämlich eine Ansprache an die Offiziers- und Unteroffiziersanwärter, die er auf die Pflichten hinwies, die sie als Vertreter der Nation im Ausland hätten. Der Vorfall wurde Raeder noch nachgetragen, als er Chef der Marineleitung werden sollte. Dabei weilte Raeder zur Zeit der Begebenheit bei seiner Tochter in Guatemala, konnte also gar nicht die Genehmigung zum Besuch des Prinzen an Bord erteilt haben.

1927 war Raeder Chef der Marinestation der Ostsee und

zugegen, als der Kaiserliche Yachtclub, in dem viele Marineoffiziere als Mitglieder segelten, sein neues Clubgebäude einweihte. Prinz Heinrich, Vizekommodore des Clubs, erhob sich unvermittelt und brachte ein Hoch „auf den Kommodore, Seine Majestät den Kaiser“ aus. Der Reichswehrminister verbot darauf den Offizieren der Reichsmarine eine Mitgliedschaft im Kaiserlichen Yachtclub, dessen Vorstand es abgelehnt hatte, sich in Kieler Yachtclub, wie er heute heißt, umzubenennen. Aus Haushaltsmitteln wurde für die aktiven Offiziere ein Marine-Regatta-Verein ins Leben gerufen.

Am 11. November 1918 war Kaiser Wilhelm, nach dem Thronverzicht vom Hauptquartier Spa kommend, auf niederländischen Boden übergetreten und nach Billigung der Regierung des Landes zunächst für drei Tage vom Grafen Godard Bentick auf Schloß Amerongen aufgenommen worden. Aus den drei Tagen wurden anderthalb Jahre. Hunderte von Bäumen hat Wilhelm in dieser Zeit gefällt und mit seiner Begleitung zersägt. Als Gast verhielt er sich relativ bescheiden, er arbeitete an seiner Rechtfertigung „Ereignisse und Gestalten“, die drohende Auslieferung täglich vor Augen. Der Kardinalerzbischof von Köln hatte in Amerongen vorgeschlagen, der Kaiser solle sich einem neutralen Gerichtshof unter Vorsitz des Papstes mit dem König von Spanien und der Königin der Niederlande als Richtern stellen. Wilhelm II. lehnte ab: „Ich kann wegen der Handlungen, die ich als Kaiser und König ... begangen habe, das strafrechtliche Urteil eines irdischen Richters ... unter keinen Umständen anerkennen.“ Im Januar 1920 lehnte die Niederlande eine Auslieferung des Kaisers ab. Pläne, ihn auf Java oder den Falklandinseln zu internieren, verflüchtigten sich. Wie falsch Wilhelm die Verhältnisse in der Heimat einschätzte, beleuchtete seine Reaktion auf die erste Nachricht vom Kapp-Putsch. „Heute abend gibt es Champagner!“ (Ilsemann). Der letzte Chef des Geheimen Zivilkabinetts, v. Berg-

Markienen, urteilte: „Der Kaiser ist und bleibt sein eigener größter Feind."

Im Mai übersiedelte der Hofstaat in das für eine halbe Million Gulden erworbene Haus Doorn, die Einrichtung war in fünfzig Güterwagen aus verschiedenen Schlössern der Hohenzollern herangeschafft worden. Von nun an beherrschten zwei Themen den Tagesablauf, die Wiederherstellung der Monarchie in Deutschland durch Rückkehr des Kaisers und das Versagen aller außer dem Kaiser selbst in den Novembertagen von 1918. Wilhelms tägliche Empörung schonte auch die Flotte nicht: „Nie hätte Ich geglaubt, daß die Marine, Mein Kind, Mir so danken würde."

Viele Gäste und der größere Teil der näheren Umgebung waren entsetzt über die illusionären Vorstellungen des Exilmonarchen, seine permanente Verurteilung ihm Nahestehender. Der verbliebene Anhang daheim, der vorwiegend die verstorbene Kaiserin Augusta Viktoria verehrte, schrumpfte beträchtlich, als Wilhelm 1922 Prinzessin Hermine, eine verwitwete Prinzessin Schönaich-Carolath, ehelichte. Bruder Heinrich hatte grundsätzlich einer späteren Wiederverheiratung zugeraten. Wilhelm fragte, wen er denn nehmen solle, die Damen bemühten sich nicht um ihn. Hermine tat es und wußte, was sie anstrebte. Sie hielt sich nach der Vermählung mehr im Reich als in Holland auf, um für die Monarchie zu agitieren, ihr Propagandaaufwand brachte die Hausschatulle oft an den Rand des Ruins. Als Hitler mit den Septemberwahlen 1930 der erste Durchbruch gelang, begann sie hinter dem Rücken ihres Gatten Fäden zu Göring und Röhm zu spinnen. Haus Doorn hatte seine täglichen Intrigen.

Wilhelm, der als Chef des Hauses die Gesetze der deutschen Republik ignorierte, verlieh weiterhin Orden und den Titel Exzellenz. So beförderte er seinen Hausminister vom Obersten zum General, ernannte den Präsidenten der Hofkammer zum

Geheimen Rat und erhob Hermine in den Rang einer Fürstin Liegnitz, wie es sein Urgroßvater, Friedrich Wilhelm III., mit der zweiten Gemahlin, die der Königin Luise folgte, gehalten hatte. Anrede: „Königliche Hoheit“. Es blieb dem Prinzen Heinrich, mit dem wieder einmal die Pferde durchgingen, vorbehalten, beim Frühstück nach der Trauung einen Toast auf „Ihre Majestät, die Kaiserin und Königin“ auszubringen. Das wurde dann verbindlich und schaffte zu allem Verdruß eine tiefe Kluft zwischen der recht beliebten Kronprinzessin Cecilie und der neuen „Giftspritze“, wie Hermine in Doorn hinter vorgehaltener Hand genannt wurde. Als sie Postkarten mit ihrer Photographie zu verschicken begann, manche vom Kaiser mit Buntstift koloriert und mit I(mperatix) R(egina) unterzeichnete, mauserten sich etliche Monarchisten zu Republikanern.

Heinrich behandelte seinen Bruder wie einen Patienten. Das dauernde Gerede von der Rückkehr nach Deutschland nahm er nicht ernst: „Wenn der Kaiser letzteres auch hundertmal sagt, tun wird er es nie, ich kenne meinen Bruder genau.“ Dabei bewunderte er Wilhelm immer noch: „Der Kaiser ist kein alter Mann. Seine Frische und geistige Elastizität ist nach allem Vorausgegangenen bewundernswert. Es ist ein Jammer, daß dies geistige Kapital für Deutschlands Wiederaufbau brachliegt.“

Rastlos ließ der Exkaiser alles zusammentragen, was ihn in der Kriegsschuldfrage entlastete. Er griff dabei auch nach Strohhalmen. Als ihm Prinz Heinrich in seiner immerwährenden Dienstbereitschaft die gefälschten „Protokolle der Weisen von Zion“ zu lesen gab, stürzte er sich darauf (Cowles). Heinrichs Hilfsbereitschaft entsprang nicht antisemitischer Einstellung. Derlei ist nicht bekannt. Auch der Kaiser besaß zu viele jüdische Freunde, Albert Ballin als pars pro toto genannt, als daß man bei ihm von Antisemitismus sprechen kann.

HERRENHAUS
HEMMELMARK
ECKERNFÖRDE

Den 17ten Juni 1922.

An

den Vorstand des Deutschen Offizierbundes

Kiel

Waitzstrasse.

Beiliegend, gestern Abend erhaltenes Antworttelegramm Seiner Majestät des Kaisers und Königs zur Kenntniß der Mitglieder und zur Eintragung in die Akten übersandt.

Heinrich Prinz v. Preussen Grossadmiral

Judenwitze im Kasino zeugten eher von einer harmlosen Einschätzung als von Rassenhaß.

Die überstürzte Heirat hatte die Brüder vorübergehend entzweit. In einem Glückwunsch an Prinzessin Irene wurde von Wilhelm beiläufig die heimliche Verlobung mit Hermine erwähnt. Heinrich war nach Doorn gefahren in der Erwartung, sein Bruder wolle mit ihm den Termin der späteren Hochzeit erörtern. Der Bräutigam kam auf das Verlöbnis mit keinem Wort zurück und erwartete seinerseits ungeduldig, aber vergebens Heinrichs Gratulation. Der Prinz beklagte sich bei v. Ilsemann, sein ganzes Leben sei das so gewesen, er habe seinen hohen Bruder stets in sein Herz schauen lassen, aber niemals sei dies Vertrauen erwidert worden. Am Ende haben sich die Brüder dann doch in den Armen gelegen.

Die Ankunft der Braut war vor der Presse und den Photographen verschleiert worden, man hatte durchsickern lassen, sie würde in Amersfoort den Zug verlassen. Tatsächlich verließ sie ihn in Apeldoorn, wo sie unbehelligt in eines der kaiserlichen Autos umsteigen konnte. Dafür fiel die Meute in Amersfoort über den Prinzen Heinrich her, den man mit dem Kaiser verwechselte, weil dieser im Exil einen Spitzbart trug.

Heinrichs immerwährendes und unermüdliches Bemühen um Ausgleich ist angesichts der Arroganz seines Bruders kaum zu erklären. Männer, die der Prinz hoch schätzte, wurden von Wilhelm in Doorn heruntergemacht. Hindenburg verübelte er, daß er den Rat, nach Holland zu gehen, noch nicht öffentlich bekanntgemacht hatte, den letzten Reichskanzler der Monarchie, Prinz Max von Baden, nannte er einen Hochverräter, das Verhältnis zu Kronprinz Rupprecht v. Bayern und zum Großherzog Ernst Ludwig v. Hessen, dem Schwager Heinrichs, war gespannt. Heinrich klagte: „Der Kaiser verdirbt es mit allen Fürstlichkeiten und großen treuen Männern in Deutschland, er ist in jeder Beziehung unbelehrbar."

Haus Doorn

mit ...... W. 192 .... den 9. Juni um 1922 Min. m/s

Brief-Telegramm

Seiner Majestät des Kaisers und Königs.

Seiner Königlichen Hoheit dem Großadmiral Prinzen Heinrich von Preußen

Kiel

Die Begrüßung, die der Skagerrak-Club am festlichen Gedenktage der
ruhmreichen Seeschlacht Mir gesandt hat, hat Mich herzlich erfreut. Ich danke
aufrichtig und bitte Dich, Meinen Dank den Teilnehmern zu übermitteln.
An dem denkwürdigen 31. Mai waren Meine Gedanken in Treue
bei Meiner tapferen Flotte. Möchte die Zeit nicht fern sein, da sie
wieder neu ersteht, und die stolze alte Reichskriegsflagge wieder in
Ehren weht, als Wahrzeichen eines freien Deutschlands.

Wilhelm I.R.

Für die archäologischen Ambitionen des Bruders ging Heinrich der Sinn ab. Als 1924 Wilhelms „Erinnerungen an Korfu" erschienen, sagte er geringschätzig: „Das Büchelchen über Korfu ist anspruchslos und wohl aus dem Empfinden einer gewissen Sehnsucht nach dortigem sonnigen Gestade entstanden." In diesem Jahre beschwerte sich Wilhelm bei Heinrich, daß der entscheidende Mann, der Chef der Heeresleitung Seeckt, keine Signale nach Doorn aussende.

1928 sagte Konteradmiral a. D. Theodor Eschenburg, der Vater des Verfassers, zu Ilsemann: „Eine Woche war der Prinz nun mit seinem Bruder allein, aber nahe sind sie sich nicht gekommen. Heinrich ist traurig darüber, daß der Verkehr nicht natürlicher ist. Es fehlt an Wärme. Der Kaiser sagt seinem Bruder, daß die Monarchie am 28. Mai dieses Jahres in Deutschland wieder eingeführt würde. Beweis: drei Voraussagen. Den Prinzen trifft das wie ein Speer, und doch kann er dem Bruder nichts sagen, kann ihm nicht die Augen öffnen." Zu Eschenburg ließ sich der Prinz vernehmen: „Ja, der Kaiser ist in allen politischen Ansichten noch dreißig Jahre zurück!" Und am Tage darauf zu Ilsemann: „Der Kaiser ist doch in vielem so klug, so beschlagen und bewunderungswürdig, und dann in solchen Dingen (Anfälligkeit für Weissagungen, d. Verf.) versagt er."

In den dreiundzwanzig Jahren des Exils hat Wilhelm II. wenig von der Weisheit des Alters verspüren lassen. Seine Naturliebe und ein lebhaftes wissenschaftliches Interesse vermochten Selbstgerechtigkeit und Selbstüberschätzung nicht auszugleichen. Der Wiedereintritt in das persönliche Regiment beherrschte sein Sinnen von früh bis spät und stürzte seine Umgebung von einer Verlegenheit in die andere. Wohlmeinende wurden von ihm angefaucht, die unentwegte Herrschermaske ließ keine Freundschaft aufkommen. Auch das Verhältnis zu seiner machtgierigen Frau „Hermo" kühlte bald ab, weil er ihre abwegigen Pfade der Sympathiewerbung mißbilligte. Wenige, die ihn seltener zu Gesicht bekamen, wie der alte Feldmarschall Mackensen, verehrten in ihm den ehemaligen Obersten Kriegsherrn. Freunde hat er nicht einen einzigen halten oder gewinnen können.

Sein Bruder Heinrich, der die Machtspielerei für falsch hielt und ihm allein das Exil aufheitern wollte, hat vergeblich versucht, die hoheitlichen Schranken zu durchbrechen. Er war ihm unerwiderter Freund und hat zu seinem Glück nie erfahren, daß der Kaiser sich gelegentlich hinter seinem Rücken über ihn mokierte.

1928 wurde bei einer Radiumbehandlung der Halsdrüsen an Prinz Heinrich Kehlkopfkrebs wie bei seinem Vater, Kaiser Friedrich III., festgestellt. Der Prinz welkte schnell dahin und starb 1929. Sein Adjutant im Kriege und bis zuletzt sein Reisebegleiter und Gesellschafter, Konteradmiral a. D. Wilhelm v. Haxthausen, sowie der Pächter Hemmelmarks arrangierten die Beisetzung. Den Trauerzug führte der Marineverein „Prinz Heinrich v. Preußen" an, gefolgt von der Lafette, die von zwanzig Seeoffizieren gezogen wurde. Drei Kilometer lang war das Geleit, das durch Regen und Schlamm sich der Bahre anschloß. Der Chef der Marineleitung, Admiral Raeder, vertrat den Reichswehrminister. Im Nachruf würdigte Groener die Verdienste des Prinzen um den Aufbau der Kaiserlichen Marine und als Oberbefehlshaber der Seestreitkräfte der Ostsee im Kriege. Die Trauerrede hielt Pastor Rendtorff, der zusammen mit dem Prinzen Waldemar im Kieler Schloß aufgewachsen war. Prinzessin Irene überlebte ihren Gatten um 23 Jahre.

Die sterblichen Überreste des Paares sind im Mausoleum von Hemmelmark beigesetzt, das der Prinz seinem jüngsten Sohn Heinrich errichten ließ. Dessen Grab ist vor Jahren erbrochen worden, ferner wurden die Prinzenstandarte, die Großadmiralsflagge und die Reichskriegsflagge geraubt. Der

Weg zu dem versteckten Mausoleum führt an vielen Hünengräbern vorbei durch einen hochgewachsenen Lärchenwald. Als man 1933 Wilhelm gegenüber des vierten Todestages seines Bruders Heinrich gedachte, übertönte er es: „Mich hat heute ein neuer Schlag getroffen. Wilhelm (Enkel des Kaisers, d. Verf.) schadet mit seiner Verlobung natürlich der monarchischen Bewegung, die gerade jetzt Fortschritte macht." Mit den angeblichen Fortschritten war der „Tag von Potsdam" gemeint, an dem man in der Garnisonkirche auf Wunsch Hindenburgs symbolisch einen Sessel für den Kaiser freigehalten hatte.

Prinz Wilhelm hatte sich mit einem Fräulein v. Salviati verlobt, der Großvater versuchte mit allen Mitteln, die Heirat zu verhindern. Er drohte ihm Ausschluß von der Thronfolge, Degradierung zum Grafen von Brandenburg und Verkürzung der Apanage an. Nichts dergleichen trat ein. Prinz Wilhelm ging die Ehe ein. Um Doorn abzuschließen: Im März 1941 präsentierte ein Ehrenbataillon der Wehrmacht an der Bahre Wilhelms II. das Gewehr. Ein unstetes, fast immer hochfahrendes Leben hatte Ruhe gefunden.

Die Brüder

Fürst Bülow meint, es sei die Frage, „ob alles in allem dem Deutschen Reich mit dem Prinzen Heinrich als Kaiser nicht besser gedient gewesen wäre als mit dem weit begabteren, aber auch widerspruchsvolleren, phantastischen und unzuverlässigen älteren Bruder“. Er antwortete damit Hinzpeter, der vom Gegenteil überzeugt war. „An dem Prinzen Heinrich können Sie sehen, wie der Kaiser geworden wäre, wenn ich nicht seine Erziehung in die Hand genommen hätte“ (Bülow I).

Sieht man einmal davon ab, daß die Spekulation des Reichskanzlers gegenstandslos ist, haben beide Ansichten ein Gran Berechtigung. Heinrich würde wie der britische König Georg V., dem er auch physiognomisch erstaunlich ähnelte, aus Respekt vor den Institutionen gemäßigt konstitutionell regiert und das Inselreich niemals brüskiert haben. Hinzpeter ist entgegenzuhalten, er habe über seinem bildungswilligen Günstling Wilhelm den minder begabten Bruder Heinrich sträflich vernachlässigt, ihn auf die Rolle des Handlangers verwiesen.

Es nimmt nicht Wunder, daß Prinz Sigismund seinen Vater sehr positiv beurteilt. Er spricht von Prinz Heinrichs vornehmer Gesinnung, seiner Aufrichtigkeit und seinem Gerechtigkeitssinn. Streng als Familienvater, aber liebevoll. Allem Dogmatischen abhold, nahm er öffentliche Ehrungen gelassen hin. Soweit ist das Urteil des Sohnes zutreffend. Wenn er seinem Vater im gleichen Atemzug bescheinigt, ein guter Taktiker und Stratege gewesen zu sein, überschreitet er die eigene Kompetenz hinsichtlich der Strategie sicherlich. Das kann Raeder besser beurteilen. Er veranschlagt des Prinzen berufliches Können sehr hoch und fährt fort: „... seine wahrhaft fürstliche Haltung gegenüber jedermann im In- und Ausland erwarben ihm ein außergewöhnliches Ansehen und viel Sympathie." Raeder nennt den Prinzen unnahbar, wenn ihm ein Mensch oder eine Sache nicht paßte. Gegenüber Untergebenen habe er grundsätzlich Wohlwollen gezeigt, aber viel verlangt.

Heinrich war ausnahmslos treu. Wilhelm konnte fest auf diese Treue bauen, was ihn nicht hinderte, sich hinter Heinrichs Rücken gelegentlich spöttisch über den Bruder zu äußern. Er beneidete Heinrich um den täglichen Dienst in der Flotte, der Bruder war sein alter Ego in der Marine, sozusagen Wilhelms verlängerter Arm und sein Fernauge bei den Schiffen. Im Kern entsprang Wilhelms Verhältnis zur „schimmernden Wehr" seiner schauspielerischen Anlage, es blieb ästhetischer Natur. Heinrich war Seemann durch und durch, Wilhelm ist über den anspruchsvollen Passagier nicht hinausgelangt.

Wenn der Kaiser seinen Bruder so hoch dekorierte und unangemessen schnell von einem Dienstrang zum nächsten beförderte, zeichnete er damit den Hohenzollern, quasi sich selbst aus. Er fragte nicht danach, ob Heinrich den mit den hohen Rängen verbundenen Aufgaben bereits gewachsen wäre. Doch merkwürdigerweise hat der Kaiser seinen dritten Sohn, den Prinzen Adalbert, am sehr kurzen Zügel gehalten. Adalbert hat es nur bis zum Korvettenkapitän gebracht in einem Alter, in dem sein Onkel Heinrich bereits Vizeadmiral war.

Heinrich bewunderte die Gabe seines Bruders, sich in markigen Aussprüchen zu ergehen. Versuchte er selbst sich auf diesem Feld, ging es meist daneben. Wilhelm war es gegeben, in freier Rede prägende Worte zu finden, die den Zeitgeist des Wilhelminismus plakatierten. Zum Beispiel: „Der Dreizack des Neptun gehört in unsere Faust!" oder 1898 in Stettin: „Unsere Zukunft liegt auf dem Wasser", 1899 in Hamburg: „Bitter Noth ist uns eine Flotte." In Jerusalem: „Ich möchte doch, daß meine Berliner einmal sehen, wie hier ein Herrscher empfangen wird." Vor dem Lloyd in Bremen hatte er seinen Plutarch präsent: „Navigare necesse est, vivere non est necesse", und bei Stapelläufen pflegte er zu sagen: „Vivat sequens." In der Taufrede für die Yacht „Hohenzollern" heißt es: „Dem Arbeitsamen (er meint sich, d. Verf.) Ruhe und Erholung zu gönnen, den kaiserlichen Kindern und der hohen Mutter des Landes Freude zu bringen, das sei deine Aufgabe. Mehr zum Schmuck als zum Gefecht mögest du deine Artillerie tragen." Die „Hohenzollern" war im Haushalt als Aviso für Geschwaderverbände ausgewiesen und hatte, wie erwähnt, den Preis eines Kreuzers gekostet.

Ein vermessenes Wort trug Wilhelm ins Gästebuch der Stadt München ein: „Suprema lex regis voluntas", und nicht weit davon lag sein Standpunkt: „The king can do no wrong." Den Märkern rief er 1892 in seiner ganzen Überheblichkeit zu: „Zu Großem sind wir noch bestimmt, und herrlichen Tagen führe ich Euch entgegen. Mein Kurs ist der richtige und wird weiter gesteuert."

Prinz Heinrich war in religiöser Hinsicht durchaus gläubig, sein Bruder aber gab sich fromm bis zu Verirrungen hin. Als summus episcopus nahm er sich das Recht zu predigen heraus. 1900 sagte er beim Auslaufen von Truppentransportern nach Ostasien in einer Andacht auf der „Hohenzollern": „Wir wollen nicht nur Bataillone von Kriegern mobil machen, nein, auch eine Streitmacht von Betern. Der König aller Könige ruft: ‚Freiwillige vor! Wer will des Reiches Beter sein?' O, wenn es doch auch hier hieße: ‚Der König rief und alle, alle kamen'" (Liman). Der Kreuzzug gegen die gelbe Gefahr wurde zur fixen Idee. Den Märkern hatte er 1897 zugerufen: „Wenn der hohe Herr (Wilhelm I., d. Verf.) im Mittelalter gelebt hätte, er wäre heilig gesprochen, und Pilgerzüge aus allen Ländern wären hingezogen, um an seinen Gebeinen Gebete zu verrichten."

In Doorn arteten seine Morgenandachten manchmal in Geschmacklosigkeit aus, wenn er etwa den Kreuzestod verglich mit dem Kreuz des Exils, das er auf sich genommen habe. Das überzeugte Christentum war der tiefste Unterschied zwischen Wilhelm II. und Hitler, der oft mit ihm verglichen worden ist. Parvenüs in ihrem Auftreten waren beide, obwohl der Kaiser sich auf eine hohe Bildung stützte, während der Diktator sich nur ungeordnetes Wissen angeeignet hatte. Die Marine war beider Hätschelkind – „The Kaiser's Toy" nannten die Engländer Wilhelms Flotte – bis zuletzt klammerten sich Kaiser und Führer an den Rettungsanker der U-Boot-Erfolge. Es drängt sich daher der Vergleich der Gespanne Wilhelm/Heinrich mit Hitler/Dönitz auf. Bei Heinrich war die Gefolgschaft schon früh in der Jugend angelegt, jeder gemeinsame Schritt war auf den künftigen Herrscher fixiert, bei Dönitz wuchs das Vasallentum erst mit der Machtergreifung heran, dann aber bedingungslos bis über das Ende hinaus. Dem ausdauernd dienenden Heinrich wurde abverlangt, den sprunghaften Handlungen des Kaisers zu folgen, sie zu decken. Er tat es ohne Bedenken, weil sie nicht mit seinen ethischen Prinzipien kollidierten. Dönitz geriet, um für die Forderungen der Marine, speziell der U-Boot-Waffe etwas zu erreichen, Schritt um Schritt tiefer in die Mitwisserschaft eines verbrecherischen Systems hinein.

Heinrich war seiner Natur nach bescheiden. Carl Vinzent Kroogmann, dem Sohn seines Segelkameraden, schrieb er: „Kaum irgend jemand hat unter der Arroganz der Deutschen mehr zu leiden gehabt als gerade ich“ (v. Arnauld). Sicherlich hat er in die Arroganz uneingestanden seinen Bruder einbezogen. Wilhelm gefiel sich in der Pose, die ein Byzantinertum züchtete. Ein fast krankhaftes Verlangen nach Abwechslung teilte er mit Hitler. „Bei Monarchen ist alle Tage Maskenball, es ist nur merkwürdig, daß sie es niemals sattbekommen“, notierte Philipp Fürst zu Eulenburg. Immer wieder mußten Vorträge beim Kaiser abgebrochen werden, weil eine Reise, eine Parade, eine Besichtigung oder ein Atelierbesuch, alles Gelegenheiten zur Selbstdarstellung, anstanden. Am zu kurz gekommenen Aktenstudium manifestierten sich kernige Randbemerkungen, die sich oft in purer Rechthaberei erschöpften. Auf der anderen Seite brüstete er sich mit überflüssigen Fleißleistungen. Die Zahl seiner Unterschriften unter Beförderungen (vom Hauptmann oder Kapitänleutnant an aufwärts!) wurden jährlich statistisch erfaßt.

Wilhelm II. wurde von einem Hunger nach Anerkennung verfolgt, er gierte nach Lob. Heinrich verließ sich auf das eigene Können und behielt im Umgang mit jedermann sein natürliches Wesen. Jede Form von Pose blieb ihm fremd, nur am Bruder bemerkte er sie nicht, weil er zu ihm aufblickte, statt ihn zu durchschauen. Aus Mangel an Selbstkontrolle verkündete Wilhelm sein Urteil auch, wo er nichts von den Dingen verstand; Heinrich kannte die eigenen Grenzen und hielt sich zurück. Nichts schien Wilhelm unmöglich. Er steckte seine ehrgeizigen Ziele weiter, als die Fähigkeiten reichten (Balfour).

In vielem ähnelte Wilhelm II. seinem Großonkel Friedrich Wilhelm IV. Er hatte dessen Neigungen zur Romantik, die blendende Rhetorik und den Witz geerbt, einen Einfallsreichtum, der oft auf Kosten der Umgebung ging. Heinrich schlug eher nach seinem Großvater, dem alten Kaiser, was Redlichkeit, Herzensgüte und Sachlichkeit betraf. Alle Zeitgenossen bestätigen, daß Wilhelm bei Vieraugengesprächen einer Kritik durchaus zugänglich war und sich einsichtig zeigte. Sobald ein Dritter hinzutrat, warf er sich in Positur, und alle Objektivität verließ ihn. Es liegt eine gewisse selbstverschuldete Tragik über seinem Lebensweg. Er wollte wohl das Gute, besaß aber nicht die Stetigkeit, die zum Ziel führt. Heinrich war viel ausgeglichener.

Von den Brüdern ging, von jedem in seiner Art, ein Zauber aus. Sie besaßen Erzähltalent, faßten schnell auf, auch technische Probleme, und verfügten über ein erstaunliches Gedächtnis. Während ältere wie jüngere Kameraden am Prinzen das „sonnige Gemüt" schätzten, brillierte der Kaiser mit effektvollem Witz. Um solchen Effektes wegen ist menschlich und politisch manches verdorben worden.

Das politische Gespür blieb in Heinrich stiefmütterlich entwickelt, er übernahm die politischen Ansichten unbesehen vom Bruder. Das Verhältnis zu England war die Schlüsselfrage der nachbismarckischen Außenpolitik. Der anglophile Heinrich hielt eine Freundschaft mit England für das Gegebene, Wilhelm ist in seiner Haßliebe zu England hin- und hergerissen worden, was seiner Politik den Ruf der Unzuverlässigkeit eintrug.

Als Scheer 1918 de facto den Oberbefehl über die Marine antrat, war Prinz Heinrich mangels Aufgaben bereits praktisch aus dem Dienst der Marine ausgeschieden. Nie hat er in seiner Laufbahn die erste Rolle in der Marine angestrebt, sich allenfalls neben Konkurrenten mittels des Immediatrechts behauptet. Sein Verhältnis zum Obersten Kriegsherrn reichte weit über Loyalität hinaus, er hat sich zeitlebens in den Schatten des kaiserlichen Bruders gefügt.

Literatur

Gabriele v. Arnauld de la Perière/Ilse Lessing, Prinz Heinrich. 1983

Kurt Assmann, Deutsche Seestrategie. 1929

Michael Balfour, Der Kaiser. 1967

Wolfgang Benzino, Das Spannungsverhältnis zwischen der politischen und militärischen Führung. In „Neue Preußische Jahrbücher". 1979

Theobald v. Bethmann Hollweg, Betrachtungen zum Weltkriege I/II. 1919/22

Otto v. Bismarck, Erinnerung und Gedanke. 1921

Bernhard Fürst v. Bülow, Denkwürdigkeiten I–III. 1930/31

Marie v. Bunsen, Die Welt in der ich lebte. 1922

Marie v. Bunsen, Kaiserin Augusta. 1940

Fritz Otto Busch/Gerhard Ramlow, Deutsche Seekriegsgeschichte. 1940

Carl Canera, Deutschlands Kämpfe in Ostasien. 1902

J. Daniel Chamier, Ein Fabeltier unserer Zeit. 1937

Virginia Cowles, Wilhelm der Kaiser. 1965

Hermann Frhr. v. Eckardstein, Lebenserinnerungen. 1919

Eduard Duke of Windsor, A King's Story. 1951

Harald Eschenburg, Die polnische Prinzessin Elisa Radziwill. 1986

Philipp Fürst zu Eulenburg und Hertefeld, Aus 50 Jahren. 1925

Svend Aage Faaborg, Lokalhistorie. In Aabenraa Lokalhåndbog. 1987

Rudolph Firle/Heinrich Rollmann/Ernst Frhr. v. Gagern (Bearb.), Der Krieg in der Ostsee I–III. 1922/29/64

Georg-Günther Frhr. v. Forstner, Das Kampfschicksal der deutschen Flotte. 1937

Kaiser Friedrich III., Tagebücher 1848–1866. 1929

Friedrich Wilhelm Prinz v. Preußen (Hrsg.), Preußens Könige. 1971

Walter Görlitz (Hrsg.), Regierte der Kaiser? 1959

Walter Görlitz (Hrsg.), Der Kaiser … 1965

Walter Goetz (Hrsg.), Briefe Wilhelms II. an den Zaren. 1920

Erich Gröner, Die deutschen Kriegsschiffe 1815–1936. 1937

Franz Herre, Kaiser Wilhelm I. 1980

Holger H. Herwig, Das Elitekorps des Kaisers. 1977

Albert Hopmann, Das Logbuch eines deutschen Seeoffiziers. 1924

Walther Hubatsch, Der Admiralstab. 1958

Sigurd v. Ilsemann, Der Kaiser in Holland I/II. 1967/68

Italico (i. e. Gustav Adolf Fürst zu Hohenlohe-Schillingsfürst), Il Principe Enrico. 1896

Jürgen Jensen, Kiel im Kaiserreich. 1978

Bogdan Krieger, Der Kaiser im Felde. 1917

Eduard Küntzel, Geschichte der Marinekameradschaft „Prinz Heinrich". 1940

Paul Liman, Der Kaiser. 1904

W. Lohmann (Hrsg.), Grundlagen deutscher Seegeltung. 1942

Alfred Thayer Mahan, Influence of Sea-power upon History. 1893

Albert Mähl, Meine Jugendjahre in Kiel. 1961

Henning Oldekop, Topographie des Herzogtums Schleswig. 1906

Peter Padfield, Dönitz. 1984
Lothar Persius, Menschen und Schiffe der kaiserlichen Flotte. 1925
Sir Frederick Ponsonby, Briefe der Kaiserin Friedrich. 1929
Erich Raeder, Mein Leben I. 1956
Werner Richter, Kaiser Friedrich III. 1938
Albert Röhr, Handbuch der deutschen Marinegeschichte. 1963
Helmuth Rogge (Hrsg.), Friedrich v. Holsteins Lebensbekenntnis. 1932
Henning v. Rumohr, Schlösser und Herrensitze im Herzogtum Schleswig. 1968
Michael Salewski, Tirpitz. 1979
Heinrich Prinz v. Schönburg-Waldenburg, Erinnerungen aus kaiserlicher Zeit. 1929
Herbert Schottelius/Wilhelm Deist (Hrsg.), Marine und Marinepolitik. 1972
Carl-Heinrich Seebach, Das Kieler Schloß. 1965
Sigismund Prinz v. Preußen, Werdegang. In „Skagerrakjahrbuch“. 1929
Paul Simsa, Marine intern. 1972
Alson J. Smith, A view of the Spree. 1962
Hildegard Baronin Spitzenberg, Das Tagebuch. 1960
Bernd Stegemann, Die deutsche Marinepolitik. 1970
Max Frhr. v. Sterneck, Erinnerungen. 1901
Detlef Thomsen (Hrsg.), Jahrbuch des Kreises Eckernförde. 1958
Alfred v. Tirpitz, Erinnerungen. 1919
Paul Toaspern (Hrsg.), Heinrich Rendtorff. 1963
Herzogin Viktoria Luise, Ein Leben als Tochter des Kaisers. 1965
Alfred Graf v. Waldersee, Denkwürdigkeiten. 1922–27
Tyler Whittle, Kaiser Wilhelm II. 1979
Wilhelm Widenmann, Marineattaché in London. 1952

Kaiser Wilhelm II., Ereignisse und Gestalten. 1922
Kaiser Wilhelm II., Aus meinem Leben. 1927
Robert Graf Zedlitz-Trütschler, Zwölf Jahre am deutschen Kaiserhof. 1923

Unveröffentlichte Quellen:

B/M (Bundesarchiv/Militärarchiv, Freiburg i. Br.)
Nachlaß v. Senden-Bibran
R M 2, Kaiserliches Marinekabinett
Stadtarchiv Kiel: Interview (ms.) mit Reinhard Liebmann

Personen

Schiffsliste
(Auswahl)

Schiffstyp / Name / Bauwerft / Wasserverdrängung / Baujahr

1. Minenschiff Albatross. Weser, Bremen. 2506 t. 1908
2. Kl. Kreuzer Augsburg. Kaiserl. Werft, Kiel. 4915 t. 1910
3. Küstenpanzerschiff Beowulf. Weser, Bremen. 3746 t. 1892
4. Schulkreuzer Berlin. Kaiserl. Werft, Danzig. 3816 t. 1905
5. Aviso Blitz. Lübke, Wolgast. 422 t. 1862
6. Schw. Kreuzer Blücher. Kaiserl. Werft, Kiel. 17 500 t. 1909
7. Linienschiff Braunschweig. Germania, Kiel. 14 394 t. 1904
8. Kl. Kreuzer Bremen. Weser, Bremen. 3816 t. 1904
9. Kl. Kreuzer Breslau. Vulcan, Stettin. 5587 t. 1912
10. Schw. Kreuzer Deutschland. Samuda Brothers, London. 8900 t. 1874
11. Panzerkreuzer Friedrich Carl. Blohm & Voss, Hamburg. 9087 t. 1909
12. Kl. Kreuzer Gazelle. Germania, Kiel. 2963 t. 1900
13. Kreuzerkorvette Gefion. Schichau, Danzig. 4275 t. 1894
14. Linienschiff Hessen. Germania, Kiel. 14 389 t. 1905
15. Aviso Hohenzollern. Nordd. Schiffbau, Kiel. 1962 t. 1876
16. Kaiserl. Yacht Hohenzollern. Vulcan, Stettin. 4460 t. 1893

17. Kl. Kreuzer Irene. Vulcan, Stettin. 5027 t. 1888
18. Panzerfregatte Kaiser. Samuda Brothers, London. 8940 t. 1875
19. Schw. Kreuzer Kaiserin Augusta. Germania, Kiel. 6303 t. 1892
20. Panzerfregatte König Wilhelm. Thames Iron, W. 10 761 t. 1869
21. Kl. Kreuzer Magdeburg. Weser, Bremen. 5587 t. 1912
22. Schw. Kreuzer Moltke. Blohm & Voss, Hamburg. 25 400 t. 1911
23. Schulschiff Niobe. R. Dockyard, Portsmouth. 1590 t. 1849
24. Panzerschiff Oldenburg. Schichau, Danzig. 24 700 t. 1912
25. Kreuzerkorvette Olga. Vulcan, Stettin. 2424 t. 1881
26. Ged. Korvette Prinz Adalbert. Vulcan, Stettin. 4600 t. 1876
27. Schw. Kreuzer Prinz Adalbert. Kaiserl. Werft, Kiel. 9875 t. 1904
28. Schw. Kreuzer Prinz Heinrich. Kaiserl. Werft, Kiel. 9806 t. 1902
29. Schw. Kreuzer Roon. Kaiserl. Werft, Kiel. 10 266 t. 1906
30. Linienschiff Sachsen. Vulcan, Stettin. 7690 t. 1878
31. Schw. Kreuzer Scharnhorst. Blohm & Voß. 8127 t. 1907
32. Kreuzerfreg. Stein. Vulcan, Stettin. 2994 t. 1880
33. Kl. Kreuzer Thetis. Kaiserl. Werft, Kiel. 3082 t. 1901
34. Kl. Kreuzer Undine. Howaldt, Kiel. 3180 t. 1904
35. Schw. Kreuzer Victoria Louise. Weser, Bremen. 6491 t. 1898
36. Aviso Wacht. Weser, Bremen. 1499 t. 1888
37. Panzerschiff Wörth. Germania Werft, Kiel. 10 670 t. 1894

(Gröner)

Zeittafel

1797 Kaiser Wilhelm I. geboren
1811 Kaiserin Augusta geboren
1819 Queen Victoria geboren
Prinzgemahl Albert geboren
1829 Prinz Wilhelm verheiratet mit Prinzessin Augusta v. Sachsen-Weimar
1831 Kaiser Friedrich III. geboren
1837 Victoria wird Königin von Großbritannien und Irland
1840 Queen Victoria verheiratet mit Prinz Albert v. Sachsen-Coburg-Gotha
Prinzessin Victoria v. Großbritannien und Irland geboren
1858 Prinz Friedrich Wilhelm v. Preußen verheiratet mit Royal Princess Victoria v. Großbritannien und Irland
1859 Kaiser Wilhelm II. geboren
1861 Wilhelm I. wird König v. Preußen, Friedrich Wilhelm Kronprinz
Royal Consort Albert verstorben
1862 Prinz Heinrich geboren
1871 Wilhelm I. wird Deutscher Kaiser
1877 Heinrichs Eintritt in die Marine

1888 Kaiser Wilhelm I. verstorben
Prinz Heinrich verheiratet mit Prinzessin Irene v. Hessen und bei Rhein
Kaiser Friedrich III. verstorben
Wilhelm II. wird Deutscher Kaiser
1897 Auslaufen nach Ostasien
1898 Chef des Ostasiengeschwaders
1901 Queen Victoria verstorben
Kaiserin Friedrich verstorben
1906 Chef der Hochseeflotte
1909 Generalinspekteur der Marine, Großadmiral
1914 Kriegsausbruch, Oberbefehlshaber der Seestreitkräfte der Ostsee
1918 Abdankung Kaiser Wilhelms II.
1929 Prinz Heinrich verstorben
1941 Kaiser Wilhelm II. verstorben
1953 Prinzessin Heinrich verstorben